DesObsEssÃo
A terapia dos imortais

Solicite nosso catálogo completo, com mais de 350 títulos, onde você encontra as melhores opções do bom livro espírita: literatura infantojuvenil, contos, obras biográficas e de autoajuda, mensagens espirituais, romances, estudos doutrinários, obras básicas de Allan Kardec, e mais os esclarecedores cursos e estudos para aplicação no centro espírita – iniciação, mediunidade, reuniões mediúnicas, oratória, desobsessão, fluidos e passes.

E caso não encontre os nossos livros na livraria de sua preferência, solicite o endereço de nosso distribuidor mais próximo de você.

Edição e distribuição

EDITORA EME
Caixa Postal 1820 – CEP 13360-000 – Capivari-SP
Telefones: (19) 3491-7000 | 3491-5449
Vivo (19) 99983-2575 ✆ | Claro (19) 99317-2800 | Tim (19) 98335-4094
vendas@editoraeme.com.br – www.editoraeme.com.br

Luiz Gonzaga Pinheiro

DesObsEssão
A terapia dos imortais

Capivari-SP
– 2016 –

© 2006 Luiz Gonzaga Pinheiro
Os direitos autorais desta obra são de exclusividade do autor.

4ª reimpressão - outubro/2016 - De 7.001 a 7.500 exemplares

CAPA | Nori Figueiredo
IMAGEM | Site: www.olhares.com
REVISÃO | Lídia Bonilha Curi
Hilda Fontoura Nami

Ficha catalográfica

Pinheiro, Luiz Gonzaga,
 Desobsessão - A terapia dos imortais / Luiz Gonzaga
Pinheiro. - 4ª reimp. out. 2016 - Capivari-SP: Editora EME.
176 p.

1ª edição : dez. 2006
ISBN 978-85-7353-363-7

1. Desobsessão - Espiritismo. 2. Terapia espírita - Tratamento espiritual - Obsessão/Desobsessão.

CDD 133.9

Dedicatória

Este livro é dedicado a todos os médiuns e doutrinadores que amam o trabalho da desobsessão. Que mesmo enquanto seus corpos descansam, seus Espíritos se desdobram em serviço para que a seara de Jesus seja sempre farta.

Se o médium é de baixa moral, os Espíritos inferiores se agrupam em torno dele e estão sempre prontos a tomar o lugar dos bons Espíritos a que ele apelou. As qualidades que atraem de preferência os Espíritos bons são: a bondade, a benevolência, a simplicidade de coração, o amor ao próximo, o desprendimento das coisas materiais. Os defeitos que os afastam são: o orgulho, o egoísmo, a inveja, o ciúme, o ódio, a cupidez, a sensualidade e todas as paixões pelas quais o homem se apega à matéria.

O Livro dos Médiuns — Allan Kardec - Cap. XX, Item 227.

ÍNDICE

Introdução 9
O inferno chega pelos Correios 13
O grupo mediúnico 21
A invasão 33
Resgate de enfermos 43
O acréscimo de misericórdia 55
Primeiras negociações 65
O acusado 73
O Tsunami 79
Uma visita ao umbral 83
Ideoplastia 87
O vomitador de lesmas 93
O hipnotizador 97
O portal dos feiticeiros 101
O primeiro contato 107
A noite dos vampiros 111
A queda da fortaleza 123

A rendição do general 139
Sussurrando ao ouvido 147
Aprofundando detalhes 149
Dr. Bezerra de Menezes 157
Anexos 161
Projeto VEK 161
Heinrich Himmler (1900 – 1945) 173

Introdução

A desobsessão tem sido um recurso largamente utilizado pelos bons Espíritos com a finalidade de higienizar o planeta, tornando-o menos hostil à proporção que conseguem apaziguar grupos em litígio, encaminhando-os às estações de repouso e reeducação, férteis neste vasto mundo chamado de espiritual. Espantamo-nos com o alarido que o mal faz e julgamos impensadamente que ele manda no planeta, que estamos à sua mercê, que a nós, pobres imortais só resta baixar a cabeça e, se possível, evitar o golpe que fatalmente virá.

Ledo engano. As equipes espirituais que fazem vicejar o Bem têm olhos atentos e justos, não permitindo rédeas largas aos adoradores da violência, opondo-lhes uma resistência enérgica, evitando assim maiores desajustes na economia moral dos povos.

Se a paz ainda não ergueu de vez a sua bandeira no Everest deste ponto azulado é devido às interferências nebulosas praticadas junto aos habitantes descuidados que se deixam fascinar pelo canto de sereia emitido pela região sombreada, ainda ligada à Terra através de algumas sucursais nela existentes que teimam em resistir.

Na verdade, essas interferências dolorosas poderiam ser evitadas uma vez que as leis divinas são dotadas de recursos para gerir com justiça e segurança qualquer evento gerador de desarmonia. A velha e eficiente fórmula, desobediência + rebeldia = dor, pacientemente reconduz os desajustados ao caminho reto, ao mesmo tempo em que oferece oportunidade de serviço aos tarefeiros do Bem e ministra sábias lições aos observadores da vida, induzindo-os a não repetirem gestos malfadados e dolorosos.

As duras lições que os obsessores ministram àqueles a quem perseguem, resultam, com o passar dos anos, na alforria de si próprios, pois, cansados e sofridos, tangidos pelo desencanto e pela sensação de vazio, se entregam ou são forçados a fazê-lo, pelos mecanismos da mesma lei que infringiram.

Todo sofrimento ou escuridão tem seus dias contados sobre a Terra ou em qualquer lugar. A lei do progresso, programada para identificar o que é bom e útil, só permite sobrevivência àquilo que é criação divina pelo cunho de eternidade nela engastado, tornando tudo mais passageiro e fugaz.

Em sintonia com o progresso, agem os Espíritos encarregados de implantar a paz no planeta. Reunidos, planejam interferências, mudanças de curso em empreendimentos, pacificação em corações inflados pelo ódio. Convocam durante o sono físico tantos quantos se interessam pelo bem-estar dos semelhantes, seja na área científica, filosófica, artística ou religiosa e traçam planos para a bem-aventurança dos povos.

Não existe sono nem acomodação na comunidade

espiritual responsável pelo avanço da Terra. Qualquer dor precisa encontrar um anestésico; qualquer asfixia deve ser suprida de oxigênio; qualquer ódio deve ser extinto. Batalhões de Espíritos velam pelo progresso planetário. Não julguem os agressores que tais Espíritos possam ser corrompidos; não pensem os sofredores que eles são inoperantes. A lei possui mil maneiras, todas lícitas, de se impor.

Deus está em toda parte. Essa verdade faz tremer os injustos e acalma os injustiçados. Deus sempre esteve no leme de nossas vidas. Estamos seguros e em boas mãos. E isso é tudo.

O INFERNO CHEGA PELOS CORREIOS

Estava me preparando para mais uma reunião de desobsessão quando o telefone tocou reclamando atenção para alguém que, acossado por dores e tropeços, solicitava a interferência dos bons Espíritos, mais urgentemente, que o livrasse da incômoda presença de cobradores impacientes.

Meu velho amigo Alexandre Diógenes recebera uma carta do interior da Argentina dando conta de um drama que se desenrolava naquela parte do planeta e, sabedor de que eu me dirigia para a oficina de trabalho que é o centro espírita, deu-me o endereço e algumas anotações sobre o caso, solicitando-me empenho na sua resolução.

O solicitante ouvira falar do Projeto Vek e, não dispondo de um computador para nos comunicar o seu drama via Internet, utilizou o método antigo e seguro da postagem, resumindo em carta o seu sofrimento, ao mesmo tempo em que pedia socorro para suas dores. Não era a primeira vez que isso ocorria. Já conseguíramos auxiliar pessoas envolvidas em processos obsessivos localizadas em distantes rincões do planeta, cujo único acesso a um centro espírita era a Internet ou a postagem pelos Correios. Tais pessoas, quais náufragos em noite escura, avistaram aquelas três letrinhas (VEK) sempre piscando como um farol para navegantes perdidos, descobrindo nelas a chave capaz de abrir as portas da nossa sala mediúnica e de acionar os amigos espirituais que jamais nos negaram auxílio.

Eis uma parte da carta: *Há tempos fui a um consultório médico e me atendeu uma senhora muito solícita. No momento em que ela se aproximou para examinar-me, seu rosto sofreu uma brutal transformação apresentando-se como uma mulher velha, de olhar frio e cruel, com muitas rugas, tal como se quisesse agredir-me ou me cobrar algo cujo teor desconheço. Tentei prosseguir no tratamento, mas sempre ocorria essa metamorfose na doutora fazendo surgir diante de mim o rosto de outras pessoas com características ímpias, frias e sem qualquer sentimento de bondade. Deixei de ir ao consultório, mas comecei a escutar vozes à noite e a receber agressões físicas enquanto dormia, e agora, em vigília. Perdia a vontade de trabalhar e fui acometido de um desânimo e de uma fraqueza que me fazem desistir de toda a alegria de viver. Se quiser dar a sua opinião a respeito do meu caso, fico muito agradecido pela gentileza.*

O Vek, curso por correspondência sobre Espiritismo (ver anexo no final do livro), já penetrou em presídios, hospitais, fazendas distantes e saiu do Brasil, fazendo amigos em várias partes do mundo. Levando a consoladora palavra dos Espíritos para milhares de pessoas, esse viajante incansável tem recebido boa acolhida e acolhido a todos sem impor restrições ou exigir credenciais. Pode parecer banal para quem mora em cidades cujos meios de comunicação são abundantes, a idéia de um curso por correspondência sobre Espiritismo. Todavia, para aqueles que moram distantes dos centros urbanos, que não dispõem de um centro espírita nas proximidades, que estão com problemas obsessivos e não têm a quem apelar, o Vek funciona como um guia em terreno pantanoso. Mas nem todos que o buscam o fazem para se livrar de inimigos ocultos ou imaginários. Recorrem também a ele, solicitando esclarecimentos, os carentes e sedentos do conhecimento espírita, a indagar sobre as verdades reveladas pelos imortais, notadamente no que diz respeito à reencarnação, à vida após a morte, à mediunidade e a outros temas correlatos.

Ao espalhar a luz espírita, o citado projeto atende ao anseio de milhares de pessoas que, nas próprias casas o recebem, beneficiando-se, assim, de um manancial que pode ser multiplicado e aplicado em suas vidas, agora enriquecidas por um referencial que aponta para uma vida mais saudável.

Ao chegar ao centro espírita, de imediato, registrei em caderno destinado a essa finalidade, o nome e o endereço do solicitante, advertindo aos médiuns de que, certamente, teríamos uma noite maravilhosa, ou seja, com muito trabalho a ser realizado.

Alguns companheiros espíritas não simpatizam com a anotação em cadernos ou livros, dos nomes de solicitantes, pois consideram que os bons Espíritos tudo vêem e tudo sabem sobre os dramas das pessoas que selecionam para prestar ajuda através de uma reunião de desobsessão. Mas, se tudo sabem, por que os submetem a regressões de memória? Somos daqueles que não desprezam os referenciais, pois consideramos os bons Espíritos, caridosos, mas não mágicos ou adivinhos a tal ponto de desprezarem esses dados.

Vejamos dois exemplos práticos ocorridos com o doutor Bezerra de Menezes, nos quais ele necessitou de referenciais, a fim de chegarmos às nossas próprias conclusões.

Encontrava-me então em certa reunião mui solene do Espaço, durante a qual se prestava culto ao Criador com os pensamentos conjugados em preces e os corações dilatados em haustos de vibrações amorosas, em busca de Suas bênçãos protetoras a prol dos nossos Espíritos necessitados de inspiração para o desdobramento dos serviços que nos estavam afetos. De súbito, porém, quando mais dúlcida era a minha elevação mental no enternecimento da oração, definiu-se em meu ser um estremecimento forte, como se vigoroso contato elétrico comunicasse às minhas sutilezas de compreensão uma ordem provinda de superiores camadas hierárquicas, e um doce murmúrio, mavioso como o alento das almas santas em orações augustas ao Deus de Amor e de Bondade, sussurrou à minha mente muito atenta: — Na rua de S... nº 3, na Cidade de XXX, no Estado do Rio de Janeiro, alguém se debate em desesperações para o momento sacrossanto da Maternidade. É uma pobre alma delinquente de um passado de infrações graves, dentro do mesmo círculo de responsabilidades a qual, agora arrependida, entra num grande e doloroso resgate para o apaziguamento da consciência ainda conturbada pelos ecos do passado... Será necessário socorrê-la para que não sucumba antes da época prevista pela Lei, porquanto, sucumbir agora absolutamente não convirá aos interesses espirituais. ... Tu, Adolfo, és médico e és cristão. Necessitas do trabalho honroso do amor ao próximo para a edificação do teu Espírito à face de Deus! Vai, pois! Atende ao aflito chamamento. Socorre a pobre alma pecadora que se arrependeu e deseja ressurgir para o Dever. Vai! Antônio de Pádua velará por ti e por ela, em nome do Mestre nazareno (Dramas da Obsessão – Bezerra de Menezes – Psicografia de Yvonne Pereira).

Antônio de Pádua, a quem a mulher dirigiu a oração,

registrou com a sua penetrante visão espiritual, própria dos Espíritos superiores que a tudo põem a descoberto, o cenário em que ela se encontrava, anotando os necessários referenciais para passá-los a Bezerra. Este não teria como saber o local exato, a não ser através de um método mais demorado que, caso aplicado, não atenderia à urgência requerida pela paciente. Se Antônio de Pádua houvesse citado apenas a cidade, Bezerra teria que verificar de casa em casa a fim de localizar o alvo de suas atenções, no caso, a mulher que lhe fora confiada.

Vemos neste exemplo simples que, para agir com rapidez e segurança, o Espírito necessita de referenciais seguros para desenvolver o trabalho que os superiores lhe confiam. Quanto menos evoluído é o Espírito, mais e melhores referenciais ele requer, pois menores são as suas possibilidades de locomoção, entendimento e visibilidade. Portanto, facilitemos a vida dos amigos espirituais que nos auxiliam pelo outro lado da reunião, colocando em papel o nome, endereço completo, bairro e cidade, daqueles a quem queremos auxiliar, pois os que nos ajudam pelo outro lado da vida nem sempre possuem a elevação que, comumente, supomos. Geralmente são companheiros como nós ou um pouco acima de nós, muitas vezes, com dificuldades de locomoção e orientação nos formigueiros humanos onde grassa a miséria e a doença.

Em um outro caso, vamos encontrar o famoso médium Chico Xavier com um grave problema no olho, sem, contudo, conseguir uma comunicação direta com o doutor Bezerra de Menezes. Chico poderia ter orado, mentalizado a figura do bondoso médico, tentado um contato através da telepatia, mas no estado de sofrimento em que se encontrava, dificilmente lograria êxito. Vejamos como Luciano Napoleão, em seu livro *Nosso Amigo Chico Xavier*, descreve o caso: *Certa noite, após atender centenas de* pessoas no Centro Espírita Luiz Gonzaga, Chico Xavier sentiu uma das suas vistas prejudicada; chegava mesmo a sangrar. As dores eram insuportáveis. Não contando naquele momento com a presença de seu guia receitista, o doutor Bezerra de Menezes, sabendo que muitas pessoas ainda o aguardavam, e não tendo meios de esclarecer àquela massa humana o que se passava, isolou-se por alguns minutos quando lhe apareceu um dos assistentes espirituais daquele médico. Ao vê-lo não pediu, implorou: — Irmão Antônio Flores, você que é um dos abnegados e sinceros pupilos do doutor Bezerra, peça-lhe um remédio para os meus olhos, pois sofro muito.

Atendendo a seu pedido, o bondoso irmão partiu, prometendo interceder por ele. Passados poucos minutos, regressou acompanhado do famoso médico, que ao olhá-lo, lhe diz: — Por que você não me disse que estava passando mal da vista? Eu lhe teria medicado!

Emocionado, respondeu: — Doutor Bezerra, eu não lhe peço como gente, mas como uma besta que precisa curar-se para continuar sua missão espiritual e terrena. Cure, pois, por caridade, os meus olhos doentes.

— Se você, Chico, é uma besta, eu quem sou?
— O senhor doutor Bezerra, é o veterinário de Deus.

Observamos aqui que Chico Xavier, mesmo acompanhado de uma equipe que, certamente, o auxiliava em seu trabalho de psicografia e de assistência aos desencarnados, não ficou imune à dor em hora quando sua saúde era vital para o bom desempenho de sua tarefa. Também não conseguiu, ou melhor, nem tentou um contato através do pensamento, pois estando o doutor Bezerra de Menezes concentrado em outras tarefas e ele desgastado pela dor, não conseguiria sucesso. Antônio Flores, a alma bondosa que apareceu e a quem foi solicitado buscar Bezerra, teve que fazê-lo pessoalmente, dirigindo-se até ele e comunicando-lhe o fato. Somente alguns minutos depois, o médico dos pobres estava junto ao ilustre paciente minorando-lhe a dor.

Queremos reforçar com esses exemplos a necessidade de bem esclarecermos o caso com o qual lidamos e de adicionarmos os referenciais devidos, anotando-os claramente no velho e útil caderno destinado a esse fim, pois os Espíritos que nos auxiliam nas reuniões de desobsessão, na maioria das vezes, não possuem ainda a evolução suficiente para agir à semelhança de Antônio de Pádua ou Bezerra de Menezes, emitindo e recebendo ordens através da telepatia. São companheiros de inegável valor, de fidelidade a toda prova, generosos, discretos e bondosos, dotados de boa vontade e entusiasmo, mas que necessitam de maiores explicações para localizar, agilizar e otimizar o trabalho.

O GRUPO MEDIÚNICO

Cada grupo mediúnico tem suas particularidades, pois, não existindo médiuns iguais, logicamente não formarão, ao se reunirem, grupos iguais. Todavia, existem regras que jamais devem ser esquecidas por um grupo que trabalha com desobsessão, sob pena de, relegando-as a um segundo plano, tornar-se ele, o grupo, vítima do flagelo que tenta enfrentar, a obsessão.

À medida que um grupo mediúnico se aperfeiçoa, adquire conhecimentos, se esforça para realizar um bom trabalho, mais se credita a um tratamento respeitoso e mais amparo tem por parte dos Espíritos que o acompanham. Nunca é demais repetir que o lugar mais fácil de alguém ser encontrado pelos bons Espíritos é o trabalho no Bem, pois estes não costumam ir a carnavais, baladas, campos de férias ou similares, salvo quando em serviço.

O trabalhador mediúnico, bem como o grupo que trabalha na desobsessão, deve ter em mente que trabalho voluntário não é aquele que alguém realiza quando quer. Quando qualquer pessoa assume um trabalho e se compromete a realizá-lo, tem a obrigação moral de cumprir sua promessa. Nesse particular, afirmam os bons Espíritos: *compromisso assumido deve ser compromisso cumprido.*

Contudo, quando um grupo não realiza bem o seu trabalho devido à negligência de seus trabalhadores, os bons Espíritos jamais usam de hostilidade ou excluem do afeto aqueles que não lhes foram fiéis. Apenas se afastam e buscam outros grupos que mereçam sua assistência. Nesse caso, o grupo negligente fica vulnerável e sob a mira de adversários que, não encontrando reação à altura de suas pretensões, conquista espaço para a instalação na sala mediúnica, de um posto que sabotará sem piedade qualquer plano de ajuda aos infelizes sob seu domínio.

Nada há de mais sério em um centro espírita que o trabalho de desobsessão. Quando um dos membros do grupo falta a uma reunião e não avisa ao doutrinador o motivo do afastamento, os dirigentes invisíveis, a quem cabe a tarefa de selecionar e de transportar os enfermos a ser atendidos naquela noite, tentam improvisar, utilizando outro médium para o atendimento já confirmado para o faltoso. Mas sempre será possível remediar tal situação? Um médium é destinado a determinado enfermo atendendo às características mediúnicas que lhe são peculiares e que se prestam melhor ao atendimento de tais e tais enfermidades. Isso não quer dizer que outros médiuns não possam tomar para si o trabalho dos faltosos. O planejamento prévio visa à organização da tarefa a fim de otimizar os resultados a ser obtidos, ou seja, tornar o desempenho do grupo mais dinâmico, com eficiente utilização do tempo e melhores condições para que cada médium desempenhe suas potencialidades. Resulta de tal procedimento a certeza de que cada enfermo receberá o auxílio de que necessita, da parte de um enfermeiro mais especializado. Sabemos que há médiuns de alta flexibilidade que atendem com a mesma presteza a um suicida e a um mentor. Mas, em um grupo mediúnico, essa margem de flexibilidade, às vezes, não é tão elástica. Quem se der ao trabalho útil e necessário de estudar *O Livro dos Médiuns* verá que no quadro sinóptico onde consta a lista dos diferentes tipos de médiuns, a relação é bem extensa.

Um outro ponto a ser abordado é o encontro entre os dirigentes espirituais e os componentes do grupo mediúnico, realizado antes da reunião mediúnica. Sabe-se que, na maioria das vezes, o processo desobsessivo em curso, se prolonga durante a noite. Adormecidos os corpos, os Espíritos se libertam indo ao plano dos seus pensamentos, ou seja, ao alvo de suas preocupações ou ideais. Nesse trabalho, tanto os médiuns quanto o doutrinador e a equipe desencarnada atuam como mediadores, aproveitando a ocasião para planejarem as atividades a ser realizadas no centro espírita na semana vindoura. Nesse encontro são traçadas as diretrizes da reunião, comprometendo-se os médiuns ao comparecimento e à atuação no limite de suas forças e possibilidades. Eis por que os dirigentes espirituais confiam na promessa de seus pupilos.

Aqui não cabe mais o imaturo questionamento feito por neófitos quando argumentam: Já que os bons Espíritos podem recolher e aconselhar enfermos, por que necessitam de médiuns? Caso exista ainda alguém dentro da casa espírita com esta dúvida, sinal vermelho a indicar falta de estudo doutrinário, tiremos de vez a sua inquietação: Espíritos dementados, com idéias cristalizadas, e outros cujo sofrimento os enlouqueceram, não vêem nem conseguem escutar àqueles que, tocados pela caridade, tentam resgatá-los. Suas densas vibrações os entorpecem, seus sofrimentos os tornam surdos e cegos, a ignorância de que são portadores os limitam a ver apenas acontecimentos que a grosseria dos seus sentidos comportam. Diante desse fato, resta apenas trazê-los junto a um médium para que, em contato com o fluido vital deste, sob efeito do choque anímico que sentem, despertem e escutem a voz do doutrinador a esclarecê-los. Diria, portanto, que devido as nossas vibrações lentas de encarnados, encontrando-nos mais próximos deles que os bons Espíritos, estamos potencialmente aptos a interferir em suas vidas e a ser alvos de suas interferências. Em virtude da semelhança vibracional temos essa vantagem na comunicação, bem aproveitada nas reuniões de desobsessão. Estando mais próximos de suas faixas vibratórias, podemos ser captados e percebidos, esta é a síntese do que digo. Quando o assunto é obsessão, que se cuide aquele que pode entrar na alça de mira dos obsessores, pois este outro lado da moeda é vantagem para eles.

No início de um trabalho desobsessivo deve-se colocar como frontispício a solene advertência de Jesus para todos que iniciam qualquer tarefa de grande envergadura: *Aquele que põe a mão no arado e olha para trás não está apto ao reino de Deus.*

Visto este detalhe de invulgar importância, tracemos algumas diretrizes para que um grupo que se candidate a tal trabalho de extrema necessidade para tantos sofredores, encarnados e desencarnados, tenha subsídios para um bom começo.

Observemos o que nos aconselha Jesus e em que nos adverte o Espiritismo para que tenhamos uma vida com mais tranqüilidade e um trabalho com mais eficiência: *Vigiai e orai para não cairdes em tentação; Espíritas! Amai-vos e instruí-vos.* Se essas advertências forem transformadas no estandarte do grupo em sua faina diária nada há que temer da parte dos inimigos do Bem.

A vigilância: Disse Jesus aos seus seguidores: *Vigiai, pois, porque não sabeis a que hora virá o vosso Senhor.* Nem o Senhor, nem, igualmente, o inimigo que se esconde na sombra e fica à espreita esperando o melhor momento de atacar sem ser ferido. Quem trabalha na lavoura da desobsessão deve redobrar as atenções, pois os obsessores costumam considerar como inimigos todos que tentam auxiliar àqueles a quem perseguem. A regra, *o amigo do meu inimigo é meu inimigo*, na obsessão é levada a sério, obrigando médiuns e doutrinadores a vigiar pensamentos, hábitos e atitudes, a fim de não dar motivos de revides ou de desarmonias na família, no trabalho, enfim, onde estiver atuando, pois, ao mínimo deslize que cometem, acorrem os observadores invisíveis que os espreitam com a finalidade de descobrir seus pontos vulneráveis.

Inútil dizer ou considerar-se imune a esses ataques, uma vez que todos os encarnados e os desencarnados que se encontram atrelados a um mundo de provas e expiações, salvo os missionários já devidamente testados e aprovados, possuem suas fragilidades. Irritação, ciúme, egoísmo, vaidade, orgulho, melindre, são apenas alguns plugues com os quais nossos inimigos podem conectar utilizando-os como arsenal ou munição para nos ferir. Parece uma atitude infantil proporcionar armas para quem nos quer agredir, mas o fato é que somos, realmente, infantis no caminho evolutivo. Daí, o sábio conselho de Jesus ao advertir-nos de que permanecêssemos vigilantes contra as armadilhas das sombras. Aquele que vigia, a sentinela de si mesmo, não pode dormir sob pena de ter seus valores dilapidados por malfeitores.

Diante desses argumentos há de se tentar perdoar a palavra maldosa que nos é dirigida, justamente para que nos irritemos, iniciando uma contenda inútil e desagradável. Urge que se faça de mouco todo aquele que ouve uma fofoca maldosa, atuando como estação terminal, a fim de que, quando for espalhada a discórdia gerando malefícios e inimizades, não haja comprometimento de sua parte na tragédia. Lembre-se o operário da desobsessão de que, naquele dia destinado à reunião mediúnica, os interessados no seu mau desempenho estão a postos aproveitando inteligentemente, e mesmo criando as oportunidades para que ele perca as rédeas do bom-senso e da moderação.

Ao levantar pela manhã, lembrem-se médiuns e doutrinadores de que são participantes de um bom combate e, quais soldados leais e cumpridores das obrigações, devem vigiar as atitudes sem estresse, ansiedade ou neurose, pois também os protegem seus guias para que o inimigo não provoque danos em suas fileiras.

Diante do exposto, não cabe mais o desculpismo perante os compromissos assumidos. É colocar a mão no arado e não olhar para trás nem para os lados, apenas para o objetivo a que se propôs, realizar um bom trabalho.

A oração: A oração é o telefone pelo qual nos comunicamos com as camadas superiores da Terra. Para que uma comunicação telefônica ocorra, precisamos estar de posse do número do aparelho pertencente à pessoa com a qual pretendemos dialogar. Na oração esse número chama-se sintonia. Sem ela, as palavras serão levadas pelo vento qual ocorre com a ligação defeituosa. A oração alivia, eleva, fortalece, proporcionando a certeza de que somos alvos da solicitude divina. Devemos estar conscientes de que não é Deus que necessita de nossas lembranças e oferendas. Nós é que necessitamos do Seu auxílio, misericórdia, amparo e defesa contra as forças viciadas da sombra. Se no desequilíbrio a prece sincera traz energias de paz, acalmando-nos a mente, imagine quando a oração é praticada nos moldes do amor e da gratidão.

Todavia, a oração não é uma peça de oratória ou uma simples exposição verbalista. Não se maneja a palavra em uma oração como se faz com um martelo ou com um serrote. É preciso unir à palavra o sentimento positivo, a humildade, a simplicidade, o desejo sincero de servir. Esses são os números do telefone divino. Orações intempestivas, eivadas de desespero, exigências, negociatas, bajulações, funcionam como telefonema para o número errado, não alcançam a fonte que deveria responder com as bênçãos necessárias.

A prece deve ser, portanto, uma companheira assídua do trabalhador da desobsessão. Tanto a prece formal que deve ser proferida conforme a exigência do momento, quanto a que é materializada através do trabalho, do estudo com finalidade útil, da ajuda a quem dela necessite. Na verdade, toda boa palavra ou bom gesto é uma prece.

Diante do aflito, evoquemos os bons médicos para que nos ajudem. De frente para o perigo, solicitemos o socorro dos nossos benfeitores. Ao lado do Mal, oremos a Deus para que o Bem nos inspire em nossa caminhada. Contudo, há momentos em uma reunião mediúnica em que a prece deve ser proferida para que a energia, a disciplina, entrem em ação neutralizando a rebeldia dos Espíritos viciados no Mal.

Há Espíritos para os quais a doutrinação, embasada na citação evangélica, quando praticada por nós, cujos sentimentos ainda não se aprimoraram o bastante para tocar um coração endurecido, não surte o efeito necessário à sua renovação. O fato de citarmos o Evangelho não significa que o vivenciamos. Mas, o fato de estarmos em trabalho para o Senhor da vida nos credencia a receber o apoio necessário para a manutenção da disciplina e da harmonia da casa. Não somos santos, é verdade, mas não somos demônios que aprovam a violência e a agressão gratuitas.

Entra em ação, diante da rebeldia de um comunicante que literalmente *quer virar a mesa*, a energia dos lanceiros da casa, que o subjugam, e através de técnicas desenvolvidas no campo do magnetismo o obrigam a escutar e a calar. Utilizando induções, sugestões, hipnotismo e outras técnicas que aprenderam, os Espíritos, encarregados da harmonia da casa, restabelecem de pronto a paz necessária a um trabalho produtivo. Não estou dizendo que o amor seja impotente diante de um coração rebelde. Já vi muitas vezes Espíritos endurecidos dobrarem os joelhos, chorarem, se arrependerem, passarem da agressão a gestos de doçura, tais qual o de beijar as mãos abnegadas do doutor Bezerra de Menezes. Mais do que as palavras, eles são tocados pelo sentimento paternal desse benfeitor que, adentrando seus corações sofridos e nublados, retira de lá os cascalhos que soterravam a réstia de lucidez adormecida. Nós, doutrinadores comuns, cujo amor minguado tenta sair da semente que reclama a água da caridade e o adubo da fé, temos, geralmente, na argumentação verbal, ou seja, na palavra, a argamassa das conversões que proporcionamos, quando amplamente ajudados pelo amor desses dedicados amigos.

O amor: O amor, afirmam os bons Espíritos, é o requinte dos sentimentos. Não há quem resista ao amor por muito tempo. Não há muitas opções diante dele. Apenas duas, que podem ser resumidas em uma única. É se entregar ou fugir para se entregar depois. Quem dera que tivéssemos atingido o estágio de doutrinar mais pela força dos nossos bons sentimentos que pela dureza de nossas palavras. A palavra exige um longo caminho para ser absorvida pela concordância da razão. Antes de ser admitida como verdadeira, a palavra pode ser contestada, devolvida sob a alegação de ser falsa, ferida em sua pureza pelo ácido da maldade. O sentimento vai direto ao coração, leva consigo o bálsamo para a ferida, produz o antídoto contra a revolta.

Quando vejo um Espírito rebelde chorar por ter sido tocado pelo amor de um benfeitor que o assiste, sempre me emociono e lamento a minha inferioridade. Tudo quanto posso oferecer, na maioria das vezes, durante uma doutrinação, são palavras recobertas de filigranas de sentimento, à semelhança da douração que se faz em jóias para que dêem a impressão de ser feitas de ouro puro. Sei que dourar jóias não as torna melhores. Mas, mesmo possuindo apenas o verniz do amor e não esse sentimento em sua plenitude, estou convencido de que este é o começo para a sua aquisição.

Nenhum trabalhador mediúnico deve se desesperar por não deter ainda tal sentimento. Deve, isto sim, envidar todos os esforços para tornar-se possuidor dessa jóia rara, cuja característica principal é: quanto mais se gasta em trabalho mais ela se purifica e se fortalece.

Não desanimemos com as recaídas que sofremos, mesmo quando cada uma delas pareça ser a negação do que perseguimos. Tenhamos em mente que ainda não somos deuses, mas que, com bastante esforço centrado nesse objetivo, a aquisição de uma migalha de amor para oferecê-la a nossos irmãos sofredores, um dia, sem notar, estaremos amando a toda a humanidade. Por enquanto, fiquemos com a certeza de que para abrir as portas da misericórdia, a chave é o amor. Para abrir os portões da esperança, a chave é o amor. Para abrir os celeiros da caridade, somente a chave do amor. O amor é, portanto, a chave que abre todas as portas do reino dos céus, e dos infernos, caso eles existam.

A instrução: O conhecimento leva ao aperfeiçoamento. Sempre será necessário conhecermos os detalhes de cada tarefa em que nos empenhamos, a fim de realizá-la melhor a cada dia. Doutrinadores e médiuns têm a obrigação de estudar não apenas os temas principais que fazem parte do seu dia-a-dia, tais quais mediunidade, obsessão, desobsessão, perispírito, fluidos, magnetismo, vampirismo, regressão de memória, dentre outros, mas também, temas correlatos como a ideoplastia, a mente, o feitiço e dezenas de outros que os auxiliem a entender e a dominar o cenário no qual se exercitam.

É necessária a participação do grupo mediúnico em grupos de aprofundamento doutrinário a fim de que toda a codificação kardeciana seja vasculhada e apreendida, bem como a elaboração de uma longa lista de obras subsidiárias dentre as quais constem como obrigatórias as de André Luiz, Manoel Philomeno de Miranda, Yvonne Pereira, algumas de Hermínio Miranda, enfim, obras que forneçam um vasto manancial de informações confiáveis que possibilitem uma visão geral e segura sobre o trabalho mediúnico.

Só sairemos deste planeta, para um outro mais evoluído, quando aprendermos tudo quanto ele possa nos oferecer em termos de ciência, filosofia, arte e religião. Quando Jesus afirmou que a verdade nos libertaria, falava de nossa autonomia, da nossa libertação das teias da ignorância. Quando um grupo mediúnico estuda e progride em aperfeiçoamento, os seus dirigentes trazem à sua resolução casos cada vez mais complexos, pois todos sabem que grandes batalhas exigem hábeis generais.

O velho brocardo que afirma, médium que não estuda é médium mistificado, tem inteira validade no contexto doutrinário, pois, sem estudo, ninguém consegue discernir com segurança qual a melhor técnica de combate se não conhece nenhuma. Se existisse um céu, acredito que lá não habitariam santos ignorantes, pois causariam danos, agindo apenas por amor. Imagine um doutrinador cheio de amor, mas despreparado para a sua função, tentando dialogar com um obsessor culto, hábil argumentador e conhecedor de toda a teoria espírita. Certamente, os dirigentes espirituais da casa evitariam tal confronto, pois o desfecho seria desfavorável para o obsidiado.

A casa espírita deve buscar incessantemente a reciclagem dos seus trabalhadores bem como o avanço do conhecimento, sobretudo nas áreas em que precisa se especializar. É necessário perseverar, aperfeiçoar, disciplinar, para que haja crédito naquilo que diz e mérito naquilo que faz.

Sabemos que não são apenas esses lembretes nem a aplicação deles que tornará uma reunião mediúnica perfeita. Todavia, menos imperfeita ela será a cada dia que os execute.

A INVASÃO

Feito este atalho a fim de melhor caracterizar o trabalho realizado em uma sala mediúnica, voltemos ao solicitante, que teve o seu nome, de imediato, registrado em livro para que, se possível, recebesse a ajuda necessária. Iniciada a reunião, logo vimos que seria uma tarefa complexa, pois levada por Tibiriçá[1] para verificar a área na qual o processo obsessivo se desenrolava, a médium descreveu um quadro dos mais críticos: – *A casa onde mora o senhor que solicitou ajuda encontra-se cercada por dezenas de Espíritos marcados por cruéis maus tratos. Existem amputados, cegos, queimados, torturados, desordeiros atraídos pelo clima bélico reinante, loucos, mulheres com o abdome aberto a reclamar seus órgãos, carantonhas de ódio por todos os lados, além de discursos inflamados animando a todos para persistirem no processo de vingança instalado. Essa multidão ocupa um raio de*

---

(1) Nota do autor: Tibiriçá é o chefe indígena que lidera os lanceiros responsáveis pela defesa do Centro Espírita no qual trabalho, o Grão de Mostarda, contra Espíritos perturbadores.

dois quarteirões da casa em observação, sendo que à sua porta predomina uma confusão perturbadora, um empurra-empurra onde todos procuram entrar e chegar perto do homem que lá habita, cuja face é sofrida e alucinada. Vejo que muitos se espremem, gritam, caem, se levantam, tentam adentrar o pequeno espaço, pisando, inclusive, os que se desequilibram.

Acredito que, na faina em que se encontram, buscando vingança a todo custo, não conseguem enxergar nada ao redor, pois nos deslocamos entre eles sem que sejamos notados ou molestados. Todas as forças, desejos e objetivos dessa multidão se resumem em massacrar a figura humana que está sendo torturada.

Em tantos anos de exercício mediúnico, confesso que ainda não tinha assistido a um espetáculo tão degradante. Os que estão próximos ao pobre homem encarnado cospem em seu rosto, dizem palavras insultuosas, agridem com pés, mãos, armas improvisadas, armas brancas, com tudo de que podem dispor. A vítima, vendo e sentindo a pressão de que é objeto, está acuada, com olhos assombrados, expressão lunática, sem saber como esboçar uma reação. Tibiriçá explica que, quando ela tenta dormir, os inimigos que a aguardam ao pé do leito a capturam, impondo-lhe torturas dantescas, fato que a tem conservado acordada na tentativa de escapar dos pesadelos, bastante reais. Agora, através de ensinamentos passados por Espíritos que dominam a técnica da extração de ectoplasma, seus adversários retiram esse fluido dele, da natureza e de pessoas da vizinhança e adensam parte do perispírito dos brutamontes mais odientos para que o machuquem.

Não consigo entender como uma pessoa consegue se complicar tanto. A julgar pelos farrapos que cobrem os corpos de alguns, estamos diante de um drama de guerra. Esta guerra, que para nós aparenta extinta desde 1945, continua por aqui com a crueldade redobrada. Entre os perseguidores, vejo alemães com fardas rotas, alguns até ostentando com orgulho pequenas cruzes, *tais como se fossem medalhas ganhas por bravura. Mas observo também uma outra facção composta por judeus. Esta é a mais sofrida, a que parece ter sido alvo de torturas e de experiências macabras.*

Estou um pouco confusa nesse cenário, pois todos sabemos que alemães e judeus estavam em lados opostos na Segunda Guerra Mundial, e aqui, ambos os batalhões, embora não se unam, perseguem o mesmo homem. Não sei como Tibiriçá conseguiu essas informações, mas ele resume o caso da seguinte forma: O homem foi um torturador de guerra que, a pretexto de obedecer ordens com a finalidade de aperfeiçoar a raça que, segundo seus superiores, deveria dominar o mundo, usou de crueldade com centenas de prisioneiros, levando-os à loucura através da dor, da humilhação e da crueldade. Isso justifica o ódio que, de tão palpável aqui, dificulta a nossa observação por mais tempo. Quanto aos alemães, eles o julgam um traidor dos ideais da raça germânica, pois ao ser preso, delatou seus companheiros possibilitando que fossem identificados, encontrados, julgados e mortos. Portanto, nos encontramos diante de um Espírito muito comprometido com a Lei, mas credor da nossa compaixão e merecedor, como os demais que o perseguem, da misericórdia divina, a fim de que se erga e recomponha sua vida sob o amparo do mestre a quem servimos.

Como aqui se respira um ar insuportável e já tendo uma idéia formada do que vamos enfrentar, retorno ao meu posto de serviço.

Feita a observação, uma outra médium, servindo como porta-voz do Além, deu prosseguimento aos trabalhos com uma enérgica indagação: – *O que querem comigo? Vocês sabem que eu não trabalho em mesa branca!* Começava, de fato, mais um trabalho de desobsessão que levaria meses para ser concluído. Uma cruenta batalha cujo labor incessante se estenderia durante o sono físico em conversas, negociações, capturas, invasões e, sobretudo, acolhimento aos necessitados.

— Boa noite, amigo. Acredito que quem o convidou tenha motivos que justifiquem a sua atuação neste caso. Tibiriçá, o chefe dos nossos lanceiros, os exporá agora.

— Não vejo que motivo teria um Exu como eu para fazer um trabalho aqui. Mas, conheço esse índio e sei que ele não mente. Anda, homem! Desembucha o que tem para falar.

Como havia indicado Tibiriçá para falar, fiquei em silêncio à espera de que ambos se entendessem. Eu não sabia o que estava sendo feito nem podia ouvi-los durante curto espaço de tempo, apenas acompanhava as reações que o rosto da médium apresentava. Quando voltou a falar, Exu Caveira estava indignado.

— O quê? Alguém teria coragem de maltratar um protegido meu? Você sabe o que está dizendo, homem? Pode provar isso?

Exu Caveira cerrou os punhos diante da revelação de Tibiriçá e, pela primeira vez, nós o tivemos ao nosso lado. Foi o que entendi da sua resposta.

— É verdade! Essa pessoa é daqui.

Ao dizer essas palavras, a médium da qual se servia o Exu apontou para o coração, modificando a face e mostrando um certo ar de agressividade.

— Pois bem! Você terá a minha ajuda, índio, e ai daquele que tiver encostado um dedo na minha protegida.

A partir de então, as forças de Tibiriçá se uniram às do Exu Caveira, e ambos, cada qual dirigindo seus comandados, invadiram o reduto no qual dezenas de Espíritos eram mantidos escravizados. Acompanhei através da médium que servia como intermediária ao exu, essa invasão em tempo real.

— Saia da minha frente, seu moleque, você nunca ouviu falar no Exu Caveira? Cerquem os flancos! Resgatem quem o índio mandar! Onde está ela? Onde está ela? O pobre diabo que deu causa a isso será reduzido a pó! Derrubem tudo! Quero esse matadouro no chão! Procurem o desgraçado que governa esse

campo. Eu o quero em minha mão! – Pela voz da médium, que adquirira um maior volume e virilidade, eu podia imaginar o quanto a luta estava sendo ferrenha. Ela parecia ter a habilidade de um general e a sua voz troante inundava a sala com ordens e contra-ordens: – *Ninguém toca no cavalo que eu estou usando! Eu estou no cangote dele e quero ver qual é o infeliz que se atreve a machucá-lo. Você gosta de derramar sangue, que tal o seu?* – Os gestos eram característicos de quem dirigia uma batalha e assim continuou até que a invasão terminou. Exu Caveira, mais calmo assim se expressou:
— *Aqui termina a minha participação nessa guerra. Quero informar que ela será árdua e longa, a julgar pela extensão do drama em que se envolveu o protegido de vocês. Ele deve demais, e pelo que vi, precisa de um médico de cabeça. Estou acostumado à matança de animais, a agarrar a unha os mais diversos tipos de homens que se julgam fortes, mas que, na realidade, sabemos que forte é quem não deve à Lei. Optei por esse modo de vida, pelo comando de Espíritos que me servem e obedecem, mas conheço a profundidade dos meus atos. Sei que, ao chegar a hora de depor as armas, não poderei fugir da minha responsabilidade. Por enquanto, escrevo a minha lei, atendo a quem quero, faço o que eu quero. No entanto, jamais vi uma carnificina tão perversa quanto esta. Eles fazem com pessoas o mesmo que fazemos com os animais. Nós os sangramos para obter o sangue e eles por pura maldade. Essa guerra não é minha, portanto, boa sorte.*

Dizendo tais palavras, Exu Caveira, que em outras ocasiões fora nosso adversário, despediu-se, deixando-nos apreensivos, retirando-nos desse estado, a voz possante de Tibiriçá.

Em seguida, uma das médiuns que estivera em observação no campo de concentração antes que ele fosse invadido, teve permissão para relatar os métodos de tortura, o ambiente já modificado e o sofrimento das

vítimas, muitas delas resgatadas.
— Esse local me causa pavor. Parece ser um vale sombrio e abandonado, com a existência de cavernas escuras, lama, ratazanas enormes, morcegos, lagartos, sanguessugas e outros insetos que desconheço. É um ambiente de natureza agressiva e asfixiante, sobretudo, pelas criações mentais dos Espíritos que o dominavam e pelas emanações do ódio, da dor e do desejo de vingança dos subjugados. O que vou descrever vai parecer para alguns, enredo de filme de terror ou fantasia criada para causar sensacionalismo literário. Todavia, anima-me apenas a fiel descrição do que vi antes da batalha, pois agora o cenário está devastado.
Aqui existia um campo de concentração destinado à tortura e à realização de experiências em judeus, ciganos e outros Espíritos considerados traidores da causa alemã. Antes da batalha, vi mulheres acorrentadas e colocadas em posição favorável ao coito praticado com animais. Diante do meu espanto ao ver cachorros e cavalos excitados, quais se estivessem diante de fêmeas no cio, a praticar sexo com as mulheres, Kröller logo veio em meu auxílio explicando que isso ocorreu nos escuros galpões da Segunda Guerra. As cenas que vi aqui eram projeções mentais de alguns torturadores que conservam tais idéias cristalizadas, materializando-as no ambiente. Quanto à presença de animais, realmente vi formas lupinas, eqüinas, macacóides, mas se tratava de vampiros sexuais cuja vestimenta perispiritual, degradada, assumira tais formas animalescas. As mulheres submetidas a essas brutais experiências sexuais, desesperadas com a presença desses vampiros, gritavam e tornavam o ambiente propício à loucura com o barulho ensurdecedor que promoviam.
— Quer dizer que, realmente, esses vampiros abusavam sexualmente das prisioneiras?
— Sim. Alguns deles apresentavam órgãos sexuais desproporcionais, o que me fez pensar, a princípio, que eram animais; que aqui havia a prática da zoofilia. Mas, deixe-

me prosseguir ao relato do que vi: Como o Exu comentou, a semelhança com um abatedouro era enorme. Experiências de troca de pele, de mudança da cor dos olhos para que se tornassem azuis, de sangramentos com a finalidade de averiguar o tempo de sobrevivência sem o sangue, soterramento de pessoas deixando apenas o pulso de fora para que fosse medida a pulsação, retirada de fetos, de úteros, tudo como se fosse apenas uma extensão ou prolongamento do que se fazia na Terra durante o período negro da guerra. Tal cenário parece ter sido transportado em sua íntegra para este campo e tanto torturados quanto torturadores viviam como se aquele tempo de horrores permanecesse coagulado nas dobras do tempo, sem interrupção de suas atividades. O que me faz pensar que tudo tinha sido anteriormente planejado pelos dirigentes da reunião é a presença de inúmeros médicos e enfermeiros e a grande quantidade de tendas já armadas antes da invasão. Esses médicos agora cuidam dos torturados ministrando-lhes passes e medicamentos para que adormeçam e sejam retirados do local. Alguns torturadores foram aprisionados e estão sob a guarda dos guerreiros. Tibiriçá diz que já chega. Retorno para meu posto de serviço, ou seja, para meu corpo carnal.

Em seguida, uma outra médium empresta suas cordas vocais para que um soldado alemão, vestido formalmente para combate, descreva sua missão no caso em curso:

— O senhor, que tomou para si a defesa de um traidor, terá que nos enfrentar um a um, pois jamais abandonaremos a nossa missão que é a de eliminar um inimigo da nossa causa.

— É qual é a causa que você defende?

— Você não conhece a história? A causa da soberania da raça alemã. No momento estou empenhado em castigar um traidor que nos delatou e, por instantes, retardou a nossa marcha. É um traidor da pior espécie a quem queremos justiçar. Eu o encontrei e o observo desde algum tempo. A princípio, acossado pela consciência escurecida, se angustiava diante de cenas de guerra vistas pelos aparelhos eletrônicos, ficava nervoso, angustiado, e isso o fazia revolver o caldeirão imundo da sua mente provocando o afloramento de episódios no qual éramos parceiros. Tais fatos lançavam no ar ondas mentais contendo partes de nossas vidas, fato que nos atraiu para junto dele. Passei a observá-lo e notei que durante o seu sono repleto de pesadelos ele nos via em trabalho, nos comandava, assumia a antiga roupagem carnal, a costumeira arrogância e frieza. Como a sua mente fervilha e não lhe permite um segundo de paz, nosso trabalho é avivar-lhe ainda mais a memória para que a angústia o leve à prática do suicídio, como muitos de nós fomos obrigados a praticar. Agora sou o seu senhor e comandante, pois tomei a sua mente. Há ocasiões, enquanto o faço recordar dos episódios sangrentos dos quais ele foi o causador, em que sente que vai explodir. Ele é o seu próprio inimigo. Se procurasse alguém para se confessar, se despejasse todo o peso da lama que o oprime em um único gesto de humildade talvez tivesse um segundo de paz. Mas a sua vergonha é tamanha, a certeza de que não tem perdão é tão clara que a consciência o impede de praticar esse gesto. Eu sou um soldado, esta é a minha missão e jamais abandonarei o meu posto.

— Não considera que a paz seja um sonho possível e que podemos viver como amigos, sem senhores nem escravos?

— Paz? Bastante ingênuo o senhor. Não viu a batalha que acaba de ser travada? Nossos ideais continuam os mesmos. Um soldado vive de batalhas, embora as vitórias sejam escassas. Aquele minuto de vitória no qual comemoramos a queda de um inimigo, de uma cidadela, nos fortalece e nos anima a prosseguir com armas em punho. Tudo foi refeito, tudo! Nossos batalhões, nossas armas, tanques, granadas, além de criarmos outros métodos ainda mais aperfeiçoados de encurralar o inimigo. O ódio não se extingue com palavras. Aprendemos, a duras penas, a manejar a mente para recriar um ambiente que nos propicie *a vitória. Se o senhor pensa que desconhecemos a realidade em que nos inserimos e o poder que a nossa mente possui, não tem competência para comandar sua tropa.*

— Apesar de reconhecer que a paz real ainda está distante da nossa realidade de mundo de provas e expiações, alguém precisa se empenhar para que ela venha a ser uma certeza, e não apenas um sonho.

— *Isso é coisa para poetas e para românticos. Eu sou um soldado, e a razão da existência de um soldado, é a guerra. Qualquer um que tenha a pretensão de ajudar àquele traidor terá que me enfrentar. Adianto-lhe que ele está vencido. Sua consciência culpada é nossa aliada. Como ninguém foge de si mesmo, e sendo ele um criminoso cujos atos estão gravados a fogo em sua mente, a fuga lhe é impossível. Sabemos que não conseguiremos matá-lo, pois mesmo a força dos nossos carrascos não logrou aniquilar-nos. Todavia, pretendemos supliciá-lo pelos séculos futuros, até que um líder nos devolva o poder ao qual temos direito, comandar as outras raças inferiores.*

— Reconheço seu valor como soldado, mas lamento que esteja equivocado em seus objetivos. Estamos dispostos a ajudar a todos, contudo, não nos deteremos diante de qualquer obstáculo. Lutamos pela vida, ao lado do Senhor da vida, e estou autorizado pelos amigos desta casa a oferecer abrigo a quem queira recomeçar o caminho mal traçado. Nosso comandante, o Deus de Justiça e de Misericórdia, tem médicos e hospitais para todos os enfermos desse campo, mas tem, igualmente, batalhões que nos protegerão, caso seja necessário o uso da energia para contê-los.

— *Pois bem, senhor, a guerra está declarada. Apele a seu comandante que recorremos ao nosso. Não existe espaço para meias palavras entre nós. Vocês queriam o inferno e o terão.*

Dizendo tais palavras, afastou-se da médium, deixando-nos com a certeza de que novamente seríamos testados em combate, passando a valer a partir daquele instante o alerta geral bem conhecido dos trabalhadores em desobsessão, qual seja: *vigilância e oração.*

Resgate de enfermos

Com os cuidados devidos, aguardamos a próxima reunião. No dia marcado, continuaram as comunicações de Espíritos responsáveis por postos de comandos menos expressivos, bem como o resgate de enfermos em situações críticas. Estes imploravam para que os matássemos, pois já não agüentavam o sofrimento que há muito tempo os castigavam.

— *Ora, mas quem diria que um grupinho como esse teria a pretensão de abalar as estruturas de uma organização estável e blindada contra espiões.*
— Boa noite, companheiro. Poderia nos dizer qual a sua participação no drama em que está envolvido o nosso amigo argentino?
— *Argentino? Ele é alemão. Um caso raro e decepcionante de alemão, pois é um traidor. Eu sou um general e tenho informações de que você não tem autoridade para intervir em nossa luta. Quer demonstrar santidade, fingir-se de moralista, mas um general reconhece outro. Você já fez o mesmo que nós,*

portanto, que autoridade tem para nos dar lições?
— Tudo que queremos é que a paz reine entre todos e que a justiça seja feita sobre todos. Só lutaremos quando esgotarmos todas as possibilidades de paz.
— Pois nós lutaremos de qualquer maneira. *Minha missão é causar dor, a mais lancinante possível em nossos inimigos. Passo para o traidor que está em minha mira a dor da vergonha, da humilhação, da derrota, da impotência diante do inimigo.*

É comum entre Espíritos que se comunicam em reuniões de desobsessão, a tentativa de intimidação à frente do doutrinador, acusando-o de crimes praticados em vidas passadas. Esta técnica visa enfraquecê-lo e desmoralizá-lo diante dos médiuns. Conhecedor de tais artimanhas, concluí a conversa convidando-o para um diálogo mais prolongado, logo mais, durante o sono físico. Iniciaram-se a partir de então, comunicações de Espíritos sofredores, sem muita convicção na vingança e de outros que já mereciam alívio de suas dores.

— *Anda, maldito. Enlouquece de vez para que possamos te quebrar as pernas e te trazer para o inferno em que estamos.*
— Vejo que está doente, mas que a falta de paz é ainda pior que a doença.
— Paz! *Não pode haver paz nesse mundo enquanto existirem monstros como esse que justiçamos. Veja o que ele fez com as minhas pernas.*
— Poderia me contar com mais detalhes o quanto foi agredido? Quem sabe poderemos ajudá-lo de alguma maneira.
— *Se quiser mesmo ajudar-me terá que se aliar a mim para que eu possa dar o corretivo necessário ao bastardo a quem persigo. Você fala de paz, mas todos os que aqui se encontram sabem que essa fantasia não existe para pessoas em guerra. Eu nunca vi um lugar que tivesse paz. Em toda a minha vida só vi sangue, tortura, choro, morte, ódio, muito ódio envenenando a*

alma. É esse ódio que me alimenta e me faz continuar ativo na luta.
— É inútil buscar a paz fora de si. Sendo uma conquista intransferível de cada um, aquele que a consegue, pode viver com ela em plena guerra. Muitos companheiros que combateram ao seu lado e que foram torturados, ao perdoarem seus inimigos e se voltarem para outros objetivos progressistas conquistaram a paz e vivem com ela.
— *Isso porque não tiveram a família massacrada, as pernas quebradas como as minhas, a humilhação e a dor como moeda de cada dia.*
— Podemos curar suas pernas, procurar sua família, conseguir um antídoto para o ódio que envenena o seu coração.
— *Onde? Já lhe disse que nunca vi o lugar onde a paz reside. Quanto as minhas pernas eu as quero assim, apresento-me com essas metades para que ele não esqueça do mal que me fez. Essas pernas, essa dor, essa mágoa formam o combustível que alimenta o meu ódio.*
— Disse que não havia um lugar em que a paz pudesse estar. Quer que lhe mostre um?
Feita tal pergunta, não esperei pela resposta. Comecei a ministrar-lhe passes reconfortantes e a pedir mentalmente que os dirigentes espirituais o fizessem ver algum lugar bonito e pacífico, um desses cenários paradisíacos no qual a natureza parece exagerar na beleza e na harmonia. Perguntei-lhe então: – O que você vê?
— *Vejo um belo cenário com pássaros, água, flores. Chego a sentir o perfume da mata de onde estou.*
— Você disse que não existia um lugar assim. Quer ir até lá?
— *E de que adianta a paz exterior se meu coração arde de ódio?*

— Quem sabe não esteja lá alguém que muito o ama e que o busca para curar esse ódio? Veja, há alguém a sua espera.

— Sara? Não pode ser! Não pode ser a minha menina. Eles a torturaram. Vi quando lhe arrancaram o útero, aqueles malditos. Como ela pode estar bem agora?

— Ela não é mais uma menina. Tornou-se uma jovem muito bela. Ao perdoar seus inimigos permaneceu com o coração iluminado, evitando maiores sofrimentos. Tudo quanto ela quer agora é abraçá-lo e levá-lo para esse lugar de paz.

— Não posso acompanhá-la e deixar aquele monstro livre. Foi por ela que fiquei junto dele para puni-lo pelo crime de matar uma criança indefesa. Tremo cada vez que lembro disso.

— Mas que pai é você que diz amar uma filha e a abandona em nome de uma querela qualquer? Seu amor por Sara é menor que seu ódio por esse homem que já está sendo justiçado pelos crimes que praticou? Quando terá outra oportunidade de ver a sua filha? Quanto tempo a mais suportará essa dor e essa saudade a lhe dividir a alma? Se ficar vai, adicionar ao sofrimento que o martiriza, a culpa de ter abandonado a filha. Acredite, nada é mais forte que o amor de um pai. Ele o ajudará a curar suas feridas e lhe dará a paz de que precisa.

— Meu Deus, é a minha menina. Ela está sorrindo. Como ela conseguiu isso? Como vocês a encontraram?

— Ela nos encontrou. Há muito esperava uma oportunidade para entrar em contato com você. Devido a sua fixação no ódio você não a via nem a escutava. Ela o acompanha há anos, esperando o momento em que o seu ódio amenize para que o amor que lhe dedica possa cobri-lo de abraços. Anda, homem! Vai deixar a pessoa a quem mais ama no mundo esperando de braços abertos?

Quando disse tal frase notei que o rosto da médium

perdeu a rigidez e os rictos de ódio foram desaparecendo dando lugar a um calmo deslumbramento. Chegara o instante de aprofundar a idéia ao máximo. Não vacilei.

— Imagine a felicidade que ela sentirá ao abraçá-lo após tantos anos de busca. Todo ódio desse mundo não vale um grama desse amor. Que está esperando, homem? Não procurava a paz? Se não for agora, vai passar à história como o primeiro homem que diante do inferno e do céu, escolheu o inferno para viver.

— *Não precisa mandar de novo. Claro que quero a minha filha.*

E correu para o lugar onde estava a pessoa que o aguardava, deixando-me feliz pelo que eu dissera. A doutrinação possui a beleza de fazer do doutrinador um médium, quando ele, falando pelos dirigentes da reunião, repete o que lhe sopram aos ouvidos. Mas já um outro comunicante me exigia a presença através de gargalhadas que nada tinham de alegria, antes, demonstravam inequívocos sinais de loucura e de ódio.

— *Está com medo de mim? Sei que está! A minha imagem de bruxa, com as carnes queimadas e largando dos ossos faz tremer muita gente.*

— Lamento pelas queimaduras, mas não estamos aqui para temer ou fugir do nosso trabalho, que é ajudar aos que necessitam de tratamento.

— *Não vim implorar ajuda. Quero saber por que me tiraram de lá onde exercia o meu trabalho? Olhe, está vendo as minhas carnes queimadas? Sente o cheiro da podridão? Fico do lado dele, mostro-me a ele. O desgraçado acusa a minha presença pelas náuseas que sente ao ver minhas carnes largando dos ossos. Foi ele quem me queimou e é ele a quem quero queimar levando-o ao suicídio.*

— Penso que o seu plano pode ficar para mais tarde. Não seria melhor cuidar da saúde agora para, mais

fortalecida, pensar no que fazer depois?
— *Fui orientada para manter essa aparência e alucina-lo. Minha imagem está gravada na mente dele desde que me infelicitou. Apresentando-me assim, a imagem do agora resgata a imagem do antes, ou seja, ele retorna ao momento e ao lugar do seu crime, gravados em sua consciência criminosa, a cada vez que me vê.*
— Sente ainda as queimaduras consumindo seu corpo?
— *Parei o relógio da mente naquele maldito momento em que passei pelas experiências dele. Acho que nunca mais voltarei a ter o corpo que eu tinha.*
— Quanto a isso eu garanto que vai. Deixe-me ver a sua mão.
— Esqueleto, você quer dizer.

A médium estendeu a mão e com o máximo cuidado eu a tomei, explicando:
— Hoje farei sua mão voltar ao normal para que você se convença de que o mesmo pode acontecer com o seu corpo.

Tomei um pouco de água e, molhando as mãos, expliquei que aquele medicamento tinha o poder de recompor as células queimadas. Disse-lhe também que ela poderia ajudar no tratamento, desde que mentalizasse sua mão tal qual se apresentava antes das queimaduras. Isso a faria participante na modelação de si própria. Após alguns instantes, admirada com o que lhe sucedeu, resmungou:
— *Vejo que a sua medicina é boa. Talvez possa adiar meu plano, voltando quando estiver com toda a fortaleza para um trabalho mais eficaz. Se garantir que terei ajuda para sair vitoriosa em meus planos, aceito seu tratamento.*

Claro que garanti toda a ajuda necessária. Não lhe disse naquele instante, porém, que a vitória real na qual nos empenharíamos era a sua libertação através da renúncia ao ódio e a vingança, alimentados. Mais tarde, com a saúde recuperada e a auto-estima restaurada, ela entenderia nossas razões e, certamente, submetida a regressões de memória, sabedora dos motivos que a levaram a um resgate tão doloroso, agradeceria a Deus pela oportunidade não desperdiçada. A mim caberia atender ao próximo comunicante naquele desfile de vítimas do nosso amigo argentino.

— Não, não me leve. Só saio daqui com o meu filho. Não adianta dizer que preciso de ajuda, pois sem ele eu não abandono este inferno.

— Prometo que faremos o possível para encontrar seu filho, mas aproveite a oportunidade, saia com os enfermeiros, esse galpão vai desabar logo mais, é preciso que todos saiam para a devida demolição.

— Prefiro a morte a ter que abandonar meu filho. Ele foi tirado do meu útero ainda pequeno. Ouvi seu choro, mas não o peguei. Por favor, ajude-me a encontrá-lo. Estanque essa dor que me mata. Eu quero meu filho! Eu quero meu filho!

Aquele era um caso para ser decidido pela equipe espiritual. Nada podendo fazer, deixei que nossos instrutores tomassem as rédeas da reunião. Estava mesmo curioso com aquele desfecho. Eles a levariam ou a deixariam? Silenciei e fiquei a ouvir o que dizia a médium em resposta a argumentação dos nossos dirigentes.

— Eu não sei onde está meu filho. Pode ser qualquer um que está dentro desses garrafões. ...Eu não quero saber se ainda não é o tempo dele. Daqui só saio com ele. Vivo com ele ou morro com ele.

O heroísmo e a dedicação daquela mãe muito me emocionou. Na verdade aquele comportamento já deveria ser esperado pela equipe de salvamento. Todavia, ela estava *pronta* para a saída, mas seu filho, certamente muito mais comprometido que ela, ainda ficaria prisioneiro até que a

Lei o abonasse com a alforria. Algumas pessoas poderão dizer que foi um gesto desumano deixar uma criança sob o açoite do ódio, aumentando a dor da mãe ao separá-la dele. Lembremo-nos de que a partitura divina possui acordes de misericórdia, mas sua canção é a justiça. De que adiantaria aquela mãe ficar sofrendo em um campo de concentração, sem ao menos saber qual daqueles fetos (perispíritos reduzidos) abrigava o Espírito do seu filho? Além do mais ele poderia não estar ali, sendo os responsáveis por essa falsa informação os mesmos que a torturavam.

A imagem de uma criança sempre nos emociona por relacionarmos seu aspecto frágil à pureza, à inocência e ao estado de fragilidade que ela demonstra. Todavia, diante de uma criança, devemos estar convictos de que seu Espírito é antigo e pode estar severamente comprometido com os códigos divinos. Para que uma criança seja vista em tais antros de dor é necessário que seu Espírito tenha fixado o pensamento nessa idade ou que seus algozes a tenham submetido a uma regressão de memória, estacionando-a nesse estágio de desenvolvimento físico. Pode, igualmente, ao ser vítima de um aborto, de ódio exacerbado, manter-se com essa aparência para castigar e obsidiar aquela que deveria ter sido sua dedicada mãe.

Sensibilizado, ouvi ainda a médium dizer:
_ *Por favor, não me ponha para dormir.*

A comunicação foi encerrada com a médium inclinando-se suavemente sobre a mesa, e já uma outra me fez desviar em sua direção.

— *Comigo a sua conversa mole não vai funcionar. É muito fácil falar quando não se teve o corpo retalhado a bisturi, passando dias em agonia antes de morrer.*

— Não estou aqui para convencê-lo, mas para ajudá-lo em sua dor. Se quiser alívio nossos médicos e enfermeiros estão a postos para socorrê-lo.

— Não, dispenso a sua ajuda. Você sabe o que aquele miserável fez comigo? Eu era judeu. Eu sou judeu. Mas, por medo de ser caçado, e tendo as feições germânicas, mudei de nome, negando a minha origem. Traí o meu povo ao alistar-me no exército que queria dizimá-lo. Jamais me perdoei por trair meus irmãos. Talvez seja essa a minha dor maior. Mais tarde, descobriram que eu era judeu e ele se encarregou pessoalmente de supliciar-me. Retalhou a minha pele como se faz com um peixe para salgá-lo e colocou sobre os cortes uma espécie de ácido que me fazia gritar de dor. Passei dias naquele sofrimento. Cada vez que tinha oportunidade de encará-lo de frente eu o fazia para gravar bem aquele rosto maldito. Jurei a mim mesmo executar uma vingança sem trégua. Enquanto existisse algum sopro de vida em meu corpo, eu o perseguiria até o inferno. Quando já estava imóvel, após dias de sofrimento, ele veio examinar-me e, virando-me, pensando que eu estivesse morto, deu de cara com os meus olhos abertos. Eu cuspi nele e o olhei com tanto ódio que, acredito, saíram chispas do meu olhar, atingindo-o no rosto. Ele que sempre fora frio, tremeu, mas logo se recompôs. É com aquele olhar impregnado de ódio que me apresento a ele. Quando morri, vaguei por lugares horríveis, onde somente a dor e o desespero tinham abrigo. Acumulei tanto ódio dentro de mim que, às vezes, parecia enlouquecer. Ele se avolumou a tal ponto que criei garras pontiagudas nas mãos. Sempre pensei em cravar garras em seu peito e arrancar o seu coração. Veja, meus dedos são como bisturis. São navalhas moldadas pelo ódio. Eu as enterro em seu peito e ele sente a dor que, para mim, ainda é pequena, se comparada com a minha. Eu o vejo e o faço ver sua pele rasgando sob a força das minhas garras. Nessa ocasião, cuspo nos ferimentos e deixo ferver o sangue como se a minha saliva fosse chumbo derretido. Sei que não existe perdão pela traição ao meu povo, mas a maldade dele não ficará impune.

— Justamente porque passou por grandes sofrimentos é que mais precisa de nossa ajuda. Permita-nos socorrê-

lo. Não vale a pena continuar agredindo a quem nem consegue mais se defender. Falaremos com o seu povo e ele entenderá suas razões. Há um judeu que quer ajudá-lo. Trabalhamos para ele, nosso comandante chama-se Jesus.
— *Não. Tenho vergonha do que fiz. Não tenho perdão. Quero apenas continuar minha vingança. Veja o meu rosto. Desse lado existe um couro de animal que ele colou no lugar de onde retirou a pele.*
— Permita-nos apenas tratar do seu rosto.
— *Já disse que não. Prefiro que ele me veja assim. Isso fortalece o meu ódio, razão única da minha existência. Não tente impedir o meu trabalho, para que o meu ódio não se volte contra você.*

Feita a ameaça, ele voltou para junto do ex-algoz agora tornado em vítima. Não era ainda o seu momento. Seria necessário encontrar uma fresta naquele endurecido coração, a fim de que ele deixasse passar alguma réstia de luz lá aprisionada. Dentro da dinâmica peculiar a uma reunião de desobsessão, sem perda de tempo, outra médium, desdobrada em algum ponto do país ou do mundo, exigia a presença do doutrinador junto do seu corpo carnal.

— *Estou no quarto do cidadão que solicitou ajuda e vejo que um anão de corpo severamente deformado tenta subir em seu leito. Ele apresenta uma deformação muito grande nas costas em forma de uma corcunda de aspecto desagradável, tumores pelo corpo, sendo o maior deles no pescoço. Uma expressão de ódio o faz trincar os dentes.*

Quando tal Espírito se comunicou, a médium fez gestos como se nadasse, arranhando a mesa com suas unhas. Para chamar sua atenção e desviá-lo do seu objetivo, iniciei breve diálogo.

— Amigo, deixe-me ajudá-lo a ficar de pé para que possamos nos entender.

— Odeio esse maldito que me abandonou dentro de um buraco porque eu tinha esse aspecto de monstro. Agora que o encontrei vou executar a minha vingança a conta-gotas, sorvendo o néctar do seu sofrimento em taça de cristal.

— Tudo que conseguirá é prolongar a sua dor. Os bons Espíritos, compadecidos do seu sofrimento, nos enviaram para resgatá-lo e pôr um fim as suas dores. Estou autorizado a levá-lo aos nossos hospitais na condição de paciente que breve obterá a cura, caso nos permita auxiliá-lo.

— Mas quem fará o meu trabalho de devolver o fel que ele me colocou na boca? Não bastava para ele o meu sofrimento e a humilhação de me sentir um monstro, desprezado por todos? Não seria melhor selecionar os seres para melhorar a raça pelo critério moral? De que adianta rosto e corpo belos com a podridão estampada na alma? Agradeço o seu interesse, mas ainda preciso ficar aqui.

Foi então que coloquei as mãos sobre o seu pescoço e o adverti.

— Não se mexa porque esse medicamento só faz efeito quando o paciente fica quieto. Esse seu ferimento vai cicatrizar em pouco tempo.

— Você é louco! Saia de perto de mim! Ponha as luvas, você está tocando em uma ferida infeccionada. Que luz é essa? Que luz é essa? Está me cegando! ...Que é isso? Um anjo? Como ele é bonito!... Tem os olhos tão verdes, lindos! ... Não consigo me despregar deles. Deve ser um anjo. Está me dizendo que hoje mesmo vai me tirar a corcunda. Seus olhos são lindos. Ninguém consegue resistir a eles. Verdes, verdes...

E foi adormecendo sob a proteção do olhar bondoso do doutor Bezerra de Menezes, que o tomou nos braços e o levou para lhe retirar as deformações.

Como o tempo avançara, colocamos um ponto final na reunião com a prece de encerramento e a promessa de um retorno na semana vindoura.

O ACRÉSCIMO DE MISERICÓRDIA

Os bons Espíritos não costumam deixar sem amparo nenhum sofredor. Mesmo não merecendo o auxílio, o que combate o Bem fica em observação até o momento em que venha a demonstrar ligeiro sinal de arrependimento, de arrefecimento do ódio, de vontade de mudar de hábitos, ingressando na faixa de *ver e ouvir* àqueles que querem e podem ajudá-lo.

Em meio aos resgatados daquela manhã, notamos que alguns nada sabiam dos propósitos de vingança dos demais, sendo a causa do comparecimento de tais irmãos à reunião específica que realizávamos, o estado em que se encontravam, caracterizado diante da bondade do Criador como uma emergência. Em casos assim, os enfermeiros do além jamais negam auxílio, sendo tal situação prevista e executada por conta do acréscimo de misericórdia da lei divina.

Antes mesmo de iniciar a prece que daria por iniciada a reunião, já alguns médiuns se sentiam desvitalizados, com forte dor de cabeça, ânsias de vômitos, sofrimentos indefinidos, como se todo o corpo fosse alvo de uma perturbação extensa e profunda. Feita a prece introdutória, uma das médiuns gemeu com a mão no rosto.

— *Quem me recolherá daqui? Preciso me arrastar para fora da área de combate. Mas em que direção? Até onde vejo, a neve esta vermelha de sangue e os soldados continuam neste massacre sem fim.*

— Coloque as mãos sobre a mesa para que os médicos examinem a sua cabeça e procure ficar um pouco quieto para que possamos averiguar a extensão dos danos que sofreu. Não tenha medo. Somos apenas o socorro que você buscava.

— *Não sei como estou sobrevivendo a tanta dor. Preciso apanhar a outra metade do meu cérebro que está na neve. Tenho medo de que os soldados pisem nela e eu não consiga mais colocá-la em minha cabeça. Veja meu rosto. É tanta dor que mal vejo a batalha.*

— Dê-me o braço. Aplicarei uma injeção de morfina para aliviar a dor enquanto meus amigos recolhem a outra parte do seu cérebro e a colocam no devido lugar. Pode largar as armas que a guerra para você já terminou.

— *Um soldado jamais deve largar suas armas...*

— A não ser quando a guerra termina. Vamos, suba na maca. Esqueça os tiros e os gritos. Teste sua audição procurando ouvir a música que está no ar.

— *Música! Essa música... Jamais pensei que a ouviria de novo.*

Com sinais de que ia adormecer, o soldado sem a metade do rosto foi retirado do campo de batalha, cenário gravado por ele em sua mente conturbada. Já uma outra situação exigia a minha presença junto a outra médium.

— Preciso agüentar essa podridão e enterrar a caveira para que o maldito que me deixou aqui tenha o castigo que merece.
— Onde conseguiu essa caveira?
— Quem está aí? Veio me espionar? Está a serviço daquele canalha?
— Estou a serviço da medicina. Estamos aqui recolhendo feridos para levá-los ao hospital. Ouvimos vozes partindo desse local e resolvemos averiguar.
— Preciso de ajuda, sim. Não vê que me cortaram as pernas e me lançaram aqui nesse buraco onde só existem ratos e baratas? Esse outro morreu, mas eu estou vivo. Não sei como consegui agüentar a fome e a podridão, mas estou vivo.
— Ainda bem que sobreviveu, mas se não formos logo a um hospital poderá sofrer sérios danos em suas pernas.
— Não sem antes enterrar a caveira de cabeça para baixo. Aprendi bruxaria antes de ser aprisionado. Sei que se enterrar essa caveira e disser as maldições certas, a vida dele vai ser uma desgraça e logo estará aqui, enterrado.
— Não duvido, mas será um trabalho inútil. Aquele que o prejudicou já foi capturado e nesse instante encontra-se nas mãos de seus inimigos que o castigam severamente. Ande, segure minha mão e deixe os ossos do seu infortunado amigo descansar em paz.
— Deixe-me ver direito o seu rosto. Você não tem cara de alemão. Vou confiar no que diz, mas se descobrir que mentiu, enterro uma caveira para você também.
— Que mentira, homem! Não está vendo que estou com a equipe de socorro? Do contrário, por que as macas, os remédios, os médicos?
— Está bem. Já estava mesmo cansado de tentar enterrar essa caveira...
Dei a mão ao homem, que a segurou firme, fazendo, depois de se firmar, gestos como quem se limpa de alguma

sujeira existente no corpo. Segui adiante em outro caso.

— *Estou em desdobramento e observo uma casa singela. Diria que seus habitantes pertencem à classe média, pois os móveis, vistos daqui, possuem alguma beleza e sobriedade. Vejo um homem de aproximadamente quarenta anos que demonstra profunda perturbação. Ele entra em casa e dela sai, sem uma função definida. Dirige-se a um pequeno jardim delimitado por uma cerca, esfrega as mãos, olha nervosamente para os lados como se procurasse alguém que o observa e penetra novamente em casa. Interferindo em seus pensamentos, um Espírito de rosto muito duro projeta em sua mente sugestões de suicídio. Vejo as cenas sobre sua cabeça. Ele mentaliza as facas que estão na cozinha e ordena: vamos, acabe logo com esse tormento! Quando o perseguido está no jardim o seu perseguidor mentaliza uma forca. Ouço-o dizer: este é um troféu digno de traidores.*

As feições desse homem a quem queremos ajudar (e eu confesso que tinha grande curiosidade em saber algo sobre a sua vida), se assemelham às de quem passou noites sem dormir. Seus olhos estão avermelhados, seus cabelos desalinhados e o seu aspecto não difere muito de quem sofre das faculdades mentais. Todavia, sei que a perturbação que ele sente nesse momento tem causa no hipnotizador que o constrange a fazer algo que ele reluta em acatar, empregando nessa tarefa todas as forças. Acredito que seus vizinhos, vendo-o nesse estado de perturbação, o considerem um lunático. A julgar pela situação de perigo em que se encontra, penso que haverá uma intervenção por parte da equipe que me trouxe aqui.

Logo uma outra médium emite no ar a voz possante do Espírito que estava induzindo o nosso amigo ao suicídio. Por momentos ele se mostrou tal qual se comportava junto à vítima para depois encarar-nos com toda a sua fúria.

— *Você não vai mais escrever para aquele grupinho medíocre. Você não tem mãos, tem garras. Seus olhos estão queimados. Vamos! Pegue a faca! Acabe com esse suplício. Você* não agüenta essa pressão, esses gemidos, todos esses inimigos querendo o seu pescoço. Por que prolongar uma luta sem chance de vitória? Alongar sofrimento é inútil quando queremos um pouco de paz. Vamos, por que vacila? Quer ou não quer se livrar de tudo? Pegue a corda, faça o laço. São só alguns segundos sem ar para ter paz depois. O que são alguns segundos sem ar?

Tendo ouvido o suficiente, interferi:

— Ele não fará isso porque estamos aqui justamente para resguardá-lo de tal ato. Não sabemos a sua história, mas seja ela qual for, não lhe dá o direito de levar ninguém ao suicídio. Estamos lhe dando a oportunidade de desistir agora do seu intento, o que lhe tornará credor da nossa ajuda para tentar novos rumos na sua vida. Caso contrário, será nosso prisioneiro para interrogatório sob a acusação de indução ao suicídio.

— Só me faltava um fedelho como você querendo me dar voz de prisão. Estou fazendo meu serviço, sabe o que é isso? Você tem trabalho e tem superiores que lhe dão ordens. O mesmo ocorre comigo.

— Vejo que optou pela resistência à prisão. Pois bem, se entregue a Tibiriçá ou prepare-se para maiores dores.

O homem quis reagir, mas estávamos preparados. Tibiriçá encostou-lhe a lança ao pescoço e eu tomei as mãos da médium e as cruzei dizendo: – Esse arame é fino, mas é afiado. Se fizer força para se livrar dele vai cortar seus pulsos. – Todavia, o Espírito não se deixou intimidar. Desgrudou as mãos e vociferou: – *Você pensa que sou um desses moleques de recado a quem você subjuga com meias palavras? Nem seus furacões, nem algemas, nem índios, nada me deterá.* Intuitivamente coloquei minhas mãos abertas sobre os olhos da médium que, expressando o pensamento do comunicante logo argumentou.

— Isso! Isso! Faça comigo o que seu protegido fazia com suas vítimas. Queime meus olhos. Não é essa a caridade de *vocês?*

— Não lhe queremos fazer mal, mas não permitiremos que a disciplina da casa seja quebrada. Você não conseguirá nos vencer, portanto, é a sua última chance de se entregar.

— Só descansarei quando trouxer para o lado de cá aquele maldito traidor de nossos ideais. Tínhamos planos, fizemos um juramento de jamais trair nossos objetivos. Ele participou desse juramento e nos traiu, portanto, deve ser justiçado.

— Ele tem o livre-arbítrio para não acatar o juramento que fez. Como solicitou ajuda, não o deixaremos sozinho nesta luta.

— Vocês não têm o direito de interferir em uma guerra particular. É nosso último aviso. Afastem-se ou perseguiremos a todos, fazendo com que a vida de cada um se torne um inferno.

Passada a tentativa de defesa, eis que ele começou a se sentir tolhido em suas ações. O arame, cravado em seus pulsos, não lhe permitia atingir-me. Sua visão tornou-se nublada e a lança de Tibiriçá beirava seu pescoço, forçando a médium a erguer a cabeça, esticando o pescoço como quem olha para cima. Sob protestos não considerados, afastou-se, ficando sob a guarda dos milicianos[2].

---

(2) Nota do autor: Os milicianos são Espíritos que, quando encarnados, foram treinados em combates e em técnicas de invasão e dominação de inimigos. Quando tais Espíritos chegam ao plano espiritual, se desejosos de ajudar na causa do bem, aceitam a orientação de seus guias que, aproveitam as tendências guerreiras que seus pupilos trazem, canalizando-as para a defesa de objetivos nobres. Encontraram assim uma maneira de evoluir, dando um fim útil às suas habilidades, ao mesmo tempo em que se aperfeiçoam em contato com mentes mais elevadas que as suas. Doutor Bezerra de Menezes tem a seu lado o índio Peri, encarregado da execução de tarefas nas quais a doçura de seu mentor não se adequa. Capturar obsessores e levá-los às reuniões mediúnicas, fazer o reconhecimento de zonas perigosas, trazer sob coação Espíritos que se recusam ao diálogo, são missões que Peri costuma realizar com freqüência. Tal como na Terra, há no plano espiritual Espíritos perversos que menosprezam o Evangelho e são hostis aos seus seguidores, abrindo

Sem tempo para uma tomada de ar mais profunda, já o homem a quem procurávamos auxiliar, nesta obra chamado de argentino, fora trazido à reunião para que tentássemos incutir alguma esperança em sua alma aflita. A médium que o recebeu demonstrava tremores, convulsões, aflição de quem se encontra em desespero. Em meio às palavras que proferia no idioma português introduzia outras, aos gritos, do idioma alemão, alternando seu estado de humor que variava do desespero à arrogância.

– *É ordem de Hitler! É ordem de Hitler! Rezar! Rezar! Minha mãe dizia que rezando para Nossa Senhora ela ajuda. Por que tantos monstros me perseguem? Esse sangue, esse sangue! Afastem-se! Rezar para Nossa Senhora...*

– Sua mãe estava certa, X. (pronunciei seu nome, causando-lhe um misto de temor e de esperança). Somos amigos e viemos para ajudá-lo em seus sofrimentos. Mantenha a esperança e tente orar para Nossa Senhora que isso o fortalecerá. Não perca o ânimo nem a coragem de viver. Pense sempre que não está sozinho e que a vitória é daquele que persevera até o fim da luta.Os inimigos que o atormentam serão vencidos porque Deus é maior, mais forte e, estando ao lado d'Ele, jamais será derrotado. Agora descanse que ficaremos ao seu lado. Quando acordar, lembre da nossa conversa e da necessidade de manter a calma e a fé, mesmo em plena batalha.

Ele adormeceu e paramos um pouco para escutar nosso instrutor, Kröller, que naquela manhã, estava à

---

guerra às suas pretensões renovadoras. Para combatê-los e disciplinálos, os bons Espíritos contam com a ajuda de milicianos que, munidos de material bélico tais como redes magnéticas, raios paralisantes, dentre outros, se impõem aos agressores através da única linguagem que, por enquanto eles entendem, a força. Acredito mesmo que, cada Centro Espírita sério, tenha a sua proteção garantida contra a invasão de vândalos do Além, por milicianos treinados para esta função.

frente dos trabalhos pelo lado invisível.

— Muito bom dia, meus irmãos. Estamos aqui divididos em três equipes fazendo o trabalho de resgate desses irmãos mais angustiados, que já são credores de auxílio devido ao sofrimento a que se impuseram quando se rebelaram contra a dor, procurando combatê-la com a vingança. Essa alternativa só lhes trouxe mais dor e, agora desiludidos, estão prontos para aceitarem o socorro necessário.

O jovem que auxiliamos tem sérios compromissos a resgatar. Recebeu a mediunidade como missão para que pudesse ajudar a seus antigos companheiros e vítimas. Nesse momento encontra-se desequilibrado e o seu estado mental dá forças a seus oponentes. Sua consciência culpada não lhe permite a lucidez, fato que proporciona frestas mentais favorecendo a invasão de sua mente pelas sugestões que, com um pouco de vigilância, descartaria. Seus inimigos o envolveram em uma onda sugestiva, difícil de escapar até mesmo por quem detém a razão.

— Pode explicar melhor o que chamou de onda sugestiva?

— Quando Hitler estava em campanha contra os judeus disseminou a idéia de que eles eram os responsáveis pela desgraça da Alemanha. Essa idéia foi sendo trabalhada, espalhada, adquirindo foros de verdade junto àqueles de frágil senso crítico e de outros que se acreditavam pré-destinados a governar o mundo, devido à excelência da sua raça. Uma idéia falsa pode martelar a mente até que venha a se instalar, nela alojando-se como verdadeira. Devido ao seu poder de penetração, ela se vitaliza e ganha força com a adesão de muitos, tornando-se vitoriosa até mesmo com o auxílio dos que pensam de maneira diferente, quando se rendem à pressão da maioria. Por medo da reação, por comodismo, para se sentirem fortes compondo a maioria, muitos vão se entregando à nova idéia. Exemplifiquemos: Digamos que, de repente, todos comecem a vestir azul e espalhem a idéia de que vestir azul traz felicidade. Diante da maré azul, um que se vista de vermelho será *discriminado. Se esse admirador da cor vermelha não tiver força moral suficiente para impor a sua vontade, seu senso crítico se enfraquecerá e seu livre-arbítrio não prevalecerá, a menos que ele esteja pronto para enfrentar toda a cidade, mostrando com isso que tem direito a usar o vermelho. A onda gerada pela Revolução Francesa com seus ideais de liberdade, fraternidade e igualdade, varreu a França. A onda nazista contaminou a Alemanha. A onda espalhada pelos inimigos do jovem leva a idéia de vingança e, diante disso, até mesmo aqueles que poderiam seguir em frente em busca da paz interior podem se juntar ao grupo para exigir essa revanche.*

— E quanto às três equipes que nos auxiliam?

— *Uma delas é especialista em resgate no umbral. Muitos dos que lá se encontram não são rebeldes, apenas equivocados. São vítimas dessas ondas espalhadas por Espíritos endurecidos que tudo fazem para dominá-los e os terem a seu serviço. Esses equivocados compõem o nosso alvo. A segunda equipe é composta por médicos e enfermeiros encarregados do socorro imediato a esses resgatados. A terceira é deslocada sob o comando do nosso amigo doutor Bezerra de Menezes, a quem solicitamos ajuda em casos de tal gravidade.*

Sei que estão curiosos quanto às condições do jovem a quem assistimos. Todavia, a regra é fazer o bem sem olhar a quem, e isso exige, na maioria das vezes, discrição. Adiantamos que todo bem que se faz é moeda corrente a nosso favor para diminuirmos nossas dívidas para com a vida.

Ânimo, amigos. O Sol espalha sua luz sobre todos e a chuva não cai apenas no plantio dos bons. Estejamos prontos, pois novas batalhas virão. Que Deus nos ampare a todos.

Primeiras negociações

Durante uma guerra, não é de todo estranho que os participantes apelem para tréguas, negociações e intimidações visando à acomodação de forças, mudanças de estratégias e conquista de novos aliados, o que pode arrefecer ou recrudescer os combates.

Quando as primeiras baixas começam a incomodar o andamento dos planos traçados pelos obsessores, para que o moral da tropa não seja afetado, os dirigentes da operação mandam à mesa de negociação os seus imediatos com propostas de entrega de prisioneiros, proteção ao grupo contra supostos malfeitores, aliviar o *garrote* que constringe alguns dos nossos familiares ou amigos que passam por dificuldades.

Tentam nos fazer crer que têm poder para amenizar nossos obstáculos, que a causa dos sofrimentos de nossos familiares está em suas mãos, que podem nos favorecer com a sorte, a fortuna e até mesmo a saúde, através de métodos e técnicas que desconhecemos.

Bem tolo é aquele que acredita nesse pretenso poder, pois passamos apenas por aquilo que merecemos, ou por outro lado, por experiências necessárias a nossa evolução e aprendizado. O melhor é confiar que nossos amigos espirituais tudo farão para nos proteger e permanecermos convictos de que o local mais fácil de sermos encontrados por eles é no campo de trabalho, ou seja, na mesa mediúnica.

Ceder espaço para os negociadores é demonstrar imaturidade, medo, falta de confiança nos amigos espirituais. Podemos até escutá-los, pois os negociadores são geralmente *educados*, bons argumentadores, versados na arte da politicalha, dos sofismas, voz aveludada, pronta para fascinar e convencer. Todavia, examinada em detalhes, suas propostas, nada adicionam à evolução do grupo ou da causa que este defende, sendo mais prudente responder: – *não estou autorizado para realizar negociações. Procure nossos orientadores.*

Quando são estabanados ou inábeis, diante da recusa em examinar seus pedidos, apelam para a ameaça ao grupo e seus familiares, prometem revelar *nossos podres*, citam dezenas de falhas que, segundo eles, cometemos em encarnações passadas, dizem possuir um exército cem vezes superior ao nosso e que não terão piedade em nos aniquilar. Estes negociadores apressados terminam quase sempre suas frustradas investidas com o velho refrão bastante conhecido pelos doutrinadores: – *vocês não perdem por esperar.*

O doutrinador deve manter a calma e evitar confronto direto, ciente de que jamais estará sozinho diante daquele inimigo. Não deve tentar retê-lo, pois sua hora chegará, bem como a do restante do seu grupo. Não aprovamos a guerra, mas não fugimos do bom combate. Essa deve ser a convicção do doutrinador, exposta claramente a quem quer que seja enviado para negociar.

A primeira comunicação daquela manhã de domingo foi a de um negociador não muito bem preparado. Era mais soldado que sofista, portanto, amava mais a guerra que a política.

— *Fui enviado por meu superior para esclarecer a situação do nosso inimigo, pois julgo que vocês desconhecem seus deméritos, incorrendo num grave erro diante da justiça que deve ter o seu curso.*

— Pois bem, amigo. Você tem a palavra para suas explicações. Garanto que não será molestado enquanto se portar com o respeito e a cordialidade devidos a uma casa de oração.

— *Vocês estão perdendo tempo com um facínora da pior espécie. Trata-se de um foragido procurado por dois exércitos. De um ganhou a pecha de traidor e de outro, torturador. Como vê, indigno de qualquer gesto de misericórdia.*

— Todos têm direito à misericórdia divina. Jesus nos advertiu para que combatêssemos o pecado e amparássemos o pecador. Para uma discussão frutífera devemos tomar por base esse fundamento.

— *Gostaria de lembrar que ele já teve a sua parcela de misericórdia em várias chances em que renasceu para reparar seus erros e cometeu novos exageros. Sempre que renascia, após promessas de melhora, buscava alistar-se em algum exército para dar vazão a seus crimes com o respaldo de um uniforme. Seu instinto é cruel. Basta ver que ele sempre buscava a guerra para extravasar a maldade que lhe é peculiar. Ele não se satisfazia em apenas matar. Humilhava, torturava, sentia prazer em incendiar, em ouvir gemidos de velhos e crianças, em ver as caretas de dor daqueles que lhe caíam nas mãos. Eu o acompanhei em algumas existências. Não posso dizer que fui seu amigo porque ele jamais teve amigos. Sempre detestei o olhar frio e insensível com o qual ele tratava os subordinados. Jamais aprovei o desprezo com o qual ele tratava a vida em qualquer estágio. Quando não conseguia* ser soldado para melhor esconder a crueldade, era um assassino comum. Portanto, senhor, poupe esforços e sofrimentos a nossos soldados e aos seus. Entregue-me o traidor que o justiçaremos.

— A questão não é tão simples como o senhor expõe. Consta nos autos que ele se arrependeu e pediu uma última oportunidade em uma vida repleta de dificuldades, com o compromisso de auxiliar e resgatar através da mediunidade suas antigas e atuais vítimas. Como afirmei, a misericórdia divina, generosa em dar oportunidades, o acolheu e enviou ao campo de batalha. Estamos aqui para dar cobertura, não aos crimes que ele cometeu, mas aos esforços que ele vem realizando a fim de reabilitar-se perante a justiça divina.

— O senhor vai ter que enfrentar muitos soldados para isso. Vai ter que derrubar um por um, pois todos estão dispostos a não entregar as armas. Adianto-lhe que esses soldados não estão postos em fileiras quais dominós que, derrubado um, os outros caem em seqüência. O senhor enfrentará a baioneta de cada um; a disciplina de cada indivíduo tornará a sua tarefa irrealizável.

— Já conseguimos resgatar alguns companheiros seus. Estes, uma vez restabelecidos, nos ajudarão na conquista dos demais. Temos também nossas fileiras que não se abatem com palavras ou com o explodir da pólvora. Nosso comandante, mesmo diante da morte não se intimidou com a violência farisaica nem com a truculência romana. Estamos a serviço dos bons Espíritos e isso nos torna mais confiantes na vitória.

— Ele tem apenas uma réstia de lucidez. Não vai suportar nossa investida por muito tempo. Um pouco mais e porá o laço no pescoço chegando as nossas mãos pela porta do suicídio. O senhor parece ter bom-senso. Por que semeia em terreno infértil? Não é da lei que se pague o mal com a justiça?

— Com a justiça, sim. Vocês querem vingança. Que vantagem existe em se vingar de um homem que já não reage? Se um homem está humilhado, doente, a um passo da loucura, vingar-se dele é apenas covardia. Busca mesmo a vitória? Então perdoe.

— *Sou um soldado e não entendo a sua linguagem. Lembro-me de que fui um servo da Igreja luterana. Mesmo na igreja não aprendi a perdoar. Talvez venhamos a nos entender algum dia, mas por hoje ainda somos inimigos.*

Em determinado momento ele começou a sentir uma forte dor na cabeça, perdendo o vigor da argumentação e perturbando-se com o incômodo que o aturdia. Aproveitei para dizer:

— Deixe-me ajudá-lo. Mesmo estando em lado oposto, coloco ao seu dispor nossos médicos e enfermeiros para que curem sua enfermidade.

— *Obrigado! Ainda não é o momento.*

E se foi com a sua dor e a sua angústia de perseguidor.

Insistentemente, vários subordinados tentaram nos convencer de que estávamos em uma luta sem chance de vitória.

— *Bom dia, senhor. Não é desestimulante saber que quanto mais oram, mais perdido ele fica? Poupe seus esforços em mandar alguém a fim de averiguar o seu estado atual, pois aqui estou para fazer um relatório sobre isso. Sua consciência está totalmente fragmentada. Suas lembranças passadas afloram sem obstáculos e ele não consegue encaixá-las nos acontecimentos que ora vive. Encontra-se incapaz de definir ou explicar a realidade que enfrenta, devido à impossibilidade de raciocinar com clareza, mesmo porque desconhece atualmente a multiplicidade das existências. Seu quebra-cabeça não tem lógica e isso o faz pensar que está louco.*

Falta muito pouco para atirar-se contra as paredes ou colocar aquele colar apertado no pescoço. Vocês rezam, pedem auxílio, chegam Espíritos luminosos, e nada. Não estou dizendo que a culpa é de vocês. Ele é que não pode sentir nem identificar qualquer presença que não seja da nossa parte. Como ignora o que estão fazendo por ele, sente-se sozinho, depressivo e se entrega ao desespero.

Sua consciência empedernida pelas maldades que cometeu é o anteparo que encobre a todos vocês. Quero adicionar a tudo isso o fato de que o protegido de vocês tem uma enorme capacidade de fazer inimigos, pois nesta existência também se encontram aqueles que o querem ver encarcerado, louco ou morto.

— E quanto ao senhor? É mais um alemão sequioso de vingança?

— Vocês não gostam muito de alemães, não é? Sua pergunta revela a discriminação por essa raça gloriosa. Sou alemão com muita honra. Servi no exército com ele, por isso o conheço tão bem. Não estou dizendo aos senhores que estão despendendo um esforço inútil? Mas ele não conhece esse outro lado, esse mistério do pós-morte que vocês já desvendaram. Tudo quanto vocês têm conseguido, é enlouquecê-lo mais ainda.

— O senhor veio apenas para nos descrever a situação do nosso amigo ou tem ainda uma outra missão?

— Não, senhor. Apenas tenho que relatar como nosso inimigo se encontra e demonstrar que estamos em vantagem a ampliar-se gradativamente.

— Muito bem, senhor. Já deu o seu recado. Vamos deixar que Deus decida com quem ficará a vitória.

— Será que Deus se preocupa com pessoas como ele? Há tantas pessoas no mundo que merecem piedade e que vivem a mendigá-la sem uma resposta. Se Ele não atende a estas por que velaria pela escória do mundo? Como vê, senhor, até Deus está do nosso lado.

— Jesus afirmou que veio para os pecadores, pois, segundo ele, os sãos não necessitam de médicos. Deus, por sua vez, quer que resgatemos as ovelhas desgarradas do seu rebanho. Essa é a mensagem dos nossos comandantes. Se me permite, encerremos a conversa agora, pois estou sendo requisitado em outro local.

— *Por agora coloquemos um ponto final na conversa, mas ainda correrão muitas lágrimas de seus combatentes.*

Como se nota, os enviados à negociação trazem argumentos bem definidos, e diante daqueles que admitem a vingança como pagamento de uma agressão sofrida podem assumir ares de justiceiros, o que não deve ser o caso de médiuns e doutrinadores. As bases da desobsessão estão inscritas nos códigos morais deixados por Jesus: Amar ao próximo como a si mesmo, perdoar as ofensas, ser manso e humilde de coração sem, contudo, dispensar a prudência.

O ACUSADO

Quem seria aquele homem tão odiado que nos pedira socorro através dos Correios? Qual a sua história de vida, seus dramas passados e por que reencarnara tão depressa sem que houvesse um tempo preparatório mais elástico para que se desvencilhasse de seus inimigos?

O obsidiado é um devedor da Lei. Como toda dívida reclama pagamento, estávamos assistindo nada mais que à chegada dos credores que, apressados e coléricos, exigiam na mesma moeda, a dor, o ressarcimento imediato dos débitos. A velha lei que prescreve a equivalência entre a ofensa e a reparação, ou seja, olho por olho e dente por dente, é muito utilizada pelos Espíritos impacientes que não esperam que a lei divina se manifeste, preferindo eles mesmos, através da vingança e não da justiça, promoverem a cobrança à sua maneira.

A lei divina possui diferentes e diversificadas maneiras de alcançar àqueles que a menosprezam, através de métodos mais brandos e mais eficientes. Como ninguém que haja feito um débito consegue evadir-se do ressarcimento, ou em outras palavras, ninguém é forte fora da Lei, a vida providencia através da dor, das dificuldades, do trabalho de doação, de acidentes e de outras formas de pagamento, a chegada das promissórias com as quais o Espírito se permitiu endividar.

Ocorre que a lei divina tem suas reservas de misericórdia e o obsessor as dispensa. Quisesse o transgressor arrependido submeter-se a um plano reencarnatório sem o flagelo da obsessão, optando por outras vias de quitação de sua dívida mesmo em longo prazo, poderia ser atendido em seu desejo. Deus permite tal flagelo na vida de alguns Espíritos, não porque ele seja a condição única de conciliação com a Lei, mas porque os que se julgam vítimas, ávidos de vingança, sentindo a necessidade de saciá-la, acabam encontrando seus algozes devido aos *rastros* que eles deixam. Nesse caso utilizam seu livre-arbítrio e se nomeiam juízes de sua própria causa. Como não há por parte da justiça divina uma ordem imediata de interferência por parte dos bons Espíritos impedindo o reencontro entre os envolvidos, mesmo porque estes não demonstraram interesse em resolver a contenda, buscando o amparo da Lei, a vingança segue seu curso, tornando marginais todos os envolvidos. Os bons Espíritos apenas observam o desenrolar do drama, auxiliando aos que entram na faixa do merecimento, ou seja, aos que ingressam no campo da misericórdia. Como ninguém é punido duas vezes pelo mesmo crime, o sofrimento do obsidiado e do obsessor é levado em conta como moeda de resgate, servindo-lhes a lição para novas experiências.

O obsessor é aquele que se recusou a perdoar e que, por isso mesmo, pode ter sua dívida aumentada, caso exagere na dose aplicada ao seu inimigo. Aquele que está sedento de vingança quer estar perto de sua vítima para assistir ao sofrimento que lhe aplica. Quer saborear, deleitar-se com os gemidos e os esgares de dor de seu oponente. Caso tenha levado outrora vinte chibatadas, quer aplicar quarenta, quer humilhar, eternizar o momento em que aplica o corretivo. É aí que, ultrapassando os limites permitidos pela Lei, que prescreve justiça e desaprova a vingança e a crueldade, interferem os Espíritos interessados no final do drama.

O Espírito rebelde traz, ao reencarnar, marcas denunciadoras em seu perispírito, as quais se transferem para o corpo carnal em formação, fazendo surgir, no devido tempo, os estigmas que o atormentarão, minando-lhe as energias. Todavia, ao submeter-se a um programa de reforma moral desde cedo, o ex-rebelde desarticula os condicionamentos que deveriam frear-lhe os instintos, restabelecendo a harmonia nos centros psicossomáticos que passam a produzir vibrações que caracterizam a saúde, o ânimo, a alegria de viver.

Contudo, quando a dívida é grande e os cobradores são vários, nem sempre o transgressor da lei consegue furtar-se de um encontro com seus inimigos. Sua consciência culpada, a emitir, qual antena vigorosa, cenas trazidas do inconsciente cujo dique não tem paredes sólidas, cenas estas que retratam sua culpa, o desespero de quem clama por paz, a angústia da autopunição, os complexos de inferioridade que caracterizam os que se julgam culpados sem remissão, atraem as antigas vítimas.

Desnecessário contestar que aquele que se encontra nesse estado de vulnerabilidade, terá imensas dificuldades para reagir. O seu estado mórbido lhe impõe uma queda vibratória, deslocando-o para faixas inferiores de evolução, na qual a sintonia se estabelecerá, caracterizando o início de doloroso processo obsessivo.

Traz o Espírito que agiu equivocadamente diante da lei, o que os técnicos espirituais chamam de matrizes, uma espécie de microincubadora de onde podem ser geradas, conforme se ofereçam os meios, enfermidades variadas, que são, na verdade, sinais denunciantes perfeitamente percebidos e interpretados pelos Espíritos que carregam a contraparte do drama em questão. Explicando melhor: o senhor de escravos que batia em seus empregados traz matrizes que podem evoluir para uma séria doença de pele, tal qual a hanseníase, o fogo selvagem ou alergia severa. O escravo que apanhou de chicote e que cristalizou a idéia da vingança traz em seu perispírito as matrizes que são as marcas das vergastadas que sofreu. Essas duas matrizes pertencentes ao algoz e a vítima, com causas gravadas na consciência de ambos, são, na verdade, o plugue e a tomada que se conectam com exatidão. Ambos estão ligados por essas matrizes a ser desfeitas. No caso, não há como seguir em frente se o algoz está preso à vítima e vice-versa. Esta se vê com as marcas do chicote e aquele, com o chicote na mão. Assim ambos se reconhecem atores do mesmo drama e iniciam a luta.

A ajuda prestada ao argentino tinha a função de evitar a sua volta prematura para o mundo dos Espíritos, pois tal evento não estava nos planos dos seus fiadores. Ele viera com a missão de auxiliar no resgate de seus ex-comparsas, bem como a quem necessitasse de auxílio para comunicar-se com o Além. Lógico que sua missão não o livraria das cobranças pelas quais passava agora. Esse momento, que ele gostaria de evitar, é o chamado para o início da sua tarefa, a iniciar-se logo que consiga se desvencilhar da turba que o persegue.

Salientamos que em outras existências, nosso personagem central participou de sacrifícios humanos, cultuando falsos deuses, que nada mais eram senão vampiros interessados no sangue que ele derramava. Esses vampiros tudo fazem agora para mantê-lo como fornecedor de matéria prima para seus vícios. Igualmente, participou de várias guerras, inclusive da Segunda Grande Guerra, cenário a que era levado ao reencarnar a fim de vencer seus instintos de crueldade e de frieza diante da dor humana, o que poderia ser feito, agindo contrariamente ao senso comum que impera em tais ambientes, onde os homens deixam extravasar sua natureza animal fazendo com que ela sobrepuje as conquistas espirituais já realizadas.

É certo que um soldado cumpre ordens de matar, mas a crueldade com que age diante de seus oponentes é um agravante perante as leis da vida. Muitos se admiram do fracasso do reencarnante em determinadas provas, mesmo quando se prepara para enfrentar tal ou tal situação.

Sabemos que ninguém nasce sem um planejamento voltado para o seu progresso. Séculos de erros deixam um condicionamento muito forte que, diante do esquecimento e da frágil vontade de perseverar no Bem, pode ser relegado aos porões do subconsciente. Acontece, ainda, que os Espíritos interessados na subjugação do reencarnante, em mantê-lo atado aos laços cultivados anteriormente, tudo fazem para que ele não se liberte de suas influências, trabalhando arduamente com a finalidade de levá-lo ao desânimo e aos sítios e vícios antigos, mostrando quadros adredemente preparados, cujos prazeres com os quais ele se afina são realçados.

Trabalhando no sentido oposto, seus protetores tentam inspirá-lo para a reforma moral, promovem encontros noturnos nos quais ele é aconselhado a perseverar nos bons propósitos e, através da indução, lembram constantemente dos compromissos assumidos que clamam por cumprimento.

De senso moral longe da maturação, acostumado mais aos prazeres materiais que aos sacrifícios espirituais, ainda por descobrir o prazer de servir, volve o homem para as malhas dos seus inimigos por absoluta afinidade com as suas torpezas, cabendo-lhe responsabilizar apenas a ele próprio do fracasso daquela encarnação. O acusado era um homem. Até aquele instante pouco sabíamos sobre ele. Tal como na parábola do bom samaritano, não tinha títulos, rótulos e estava à mercê da caridade pública. Isso nos bastava. Era um homem, nosso irmão, portanto, merecedor de todo o nosso esforço direcionado para o alívio de suas chagas.

Fizemo-nos de samaritanos e o acolhemos, doando-lhe nossas manhãs de domingo. Posteriormente viemos, a saber, que ele se envolvera com sacrifícios humanos, oferecendo-os aos deuses, que eram apenas vampiros e com ele fizeram um pacto de abastecimento de sangue. Ao capturarmos um dos vampiros ele nos confessou: – *Eu sou um dos deuses que ele cultuava. Esses corpinhos ensangüentados me fortalecem. Eu os recolho de abortos, infanticídios, de guerras, e deles me alimento. Essas carnezinhas tenras são a minha fortaleza. Por isso me chamam de coletor, pois os recolho para minha alimentação.*

O Tsunami

Não existem doutores na arte da desobsessão. Cada reunião mediúnica tem suas nuanças e suas peculiaridades. Quando pensamos que tudo já vimos, eis que um fato novo vem demonstrar que a aprendizagem está incompleta. Por isso, é ponto de honra o estudo no campo da mediunidade. Médium que não estuda, é médium ludibriado, repito.

Iniciamos a reunião, certos de que continuaríamos a etapa de limpeza do ambiente, dele retirando enfermos que transmitiam suas dores para o perseguido, bem como líderes de menor importância, mas que garantiam a eficiência no processo de vingança.

Chamada através do desdobramento à região onde morava o obsidiado, a médium passou a descrever com surpresa os preparativos que a equipe espiritual formada por lanceiros e técnicos desenvolvia, visando capturar baderneiros e perseguidores do pobre homem. Aqueles que ofereciam condições de, através do diálogo e de convites formais, imprimir novos rumos às suas vidas já estavam fora do cenário da guerra. Lá permaneciam os endurecidos, os fanfarrões, oportunistas à cata de vantagens sem o devido esforço, vampiros interessados no sangue das vítimas bem como outros curiosos, mais ignorantes que maus.

Os técnicos armavam redes ao redor do perímetro invadido pelos interessados na baderna e na infelicidade da vítima. Como os biólogos estendem suas redes para capturar morcegos, os técnicos agiam, certamente para capturar Espíritos. A médium foi autorizada a narrar o que estava sendo feito e o que aconteceria logo mais, a fim de que pudéssemos ver o quanto pode fazer um grupo afinado com seus dirigentes e o quanto temos que aprender quando nos debruçamos sobre esse tema.

— *As redes finas e invisíveis para a grosseria dos olhos centrados no ódio e nos hábitos predadores, foram estendidas ao máximo e foi então que os incautos se viram, de repente, envolvidos por uma grande onda levando tudo a sua frente. A onda enorme passava por sobre as casas sem atingi-las, invadia ruas e arrastou apenas a grande maioria dos Espíritos que se aglutinavam no espaço inundado.*

A cena foi tão real que vi rolando dentro da água as pessoas que antes se aglomeravam na rua. Entre a onda, pernas, rostos apavorados que subiam e desciam, gritos de socorro que rasgavam o ar e atormentavam os meus ouvidos. Tudo se passou como se o mar desabasse sobre aqueles dois quarteirões. Tão rapidamente como o tsunami surgiu, desapareceu, ficando centenas de corpos presos às redes e outros que jaziam pelo chão sendo logo socorridos por médicos e enfermeiros dedicados. Nada aconteceu aos olhos materiais dos moradores poupados em seus haveres e em sua saúde.

Diante do meu assombro, que julguei estar vendo alucinações, notei que havia dezenas de tendas armadas nas redondezas, para onde eram levados os que haviam sido tragados.

Os sintomas eram os mesmos dos afogados: falta de ar, vômitos de água, olhos apavorados, corpos encharcados. Nas redes, restos de vestimentas, armas improvisadas e o, mais incompreensível para mim, muitos dos Espíritos mais endurecidos no ódio não haviam sido capturados. De alguma maneira se safaram da onda pulando quais saltimbancos e se evadiram do local dando uma pausa na tenaz perseguição que praticavam.

Todos os que, de alguma maneira sofreram escoriações foram recolhidos em tendas-hospital, encontrando-se sob a assistência de pessoal especializado nesse tipo de situação. Estou assustada com tanta gente envolvida nesse acontecimento. São muitas tendas, muitos médicos, muitos aparelhos cuja função desconheço.

Não sei se você vai fazer constar o que aqui aconteceu em seu livro, mas em caso afirmativo, terá que aprofundar o assunto com nossos instrutores, pois ainda estou boquiaberta com essa cena de cinema.

UMA VISITA AO UMBRAL

Estávamos na sexta-feira, véspera do Carnaval, quando nos reunimos para mais um encontro com nossos companheiros espirituais visando auxiliar àquele amigo que nem sequer conhecíamos. Após a prece inicial, nosso amigo Kröller, que estava à frente dos trabalhos, adiantou: – *Pena que alguns médiuns estejam ausentes, quando todos se comprometeram durante o sono físico a participar desta tarefa. Aqueles que trabalham na vinha do Senhor, mesmo os da última hora, devem saber que um compromisso assumido corresponde a um compromisso cumprido. O que põe a mão no arado e olha para trás, para o chamado do mundo, decidindo priorizá-lo, ainda precisa de muito discernimento para enxergar a verdade. Aqueles que clamam por incentivo e motivações para o trabalho espírita, buscando-os fora de si, precisam retornar aos conselhos de Jesus, quando enfatizou: quem perseverar até o fim, este será salvo. Na verdade, a motivação para o trabalho é o próprio trabalho. É a alegria de ajudar um amigo; a honra* de servir a um mestre de sabedoria e de amor. Não estamos aqui a repreender os trabalhadores, apontando falhas que não deveriam existir. Estamos lembrando aos amigos que o trabalho desobsessivo possui gravidade severa e todo aquele que com ele se compromete tem obrigação moral de executá-lo. Entendemos que as viagens de repouso são importantes e que o livre-arbítrio é sagrado. Contudo, apelamos para a observação do nosso guia e modelo, Jesus, que trabalhava mesmo aos sábados, repreendendo aos equivocados intérpretes da lei com a seguinte frase: Eu trabalho e meu Pai trabalha sem cessar. Confiemos em Deus e estejamos certos de que é no campo de trabalho onde encontraremos as mais duradouras alegrias.

Quero avisar aos amigos que hoje faremos uma visita ao umbral. Para isso precisamos de toda a concentração possível da parte dos companheiros responsáveis pela vibração, a fim de que a médium que seguirá conosco sinta o mínimo de desconforto. Resgataremos alguns Espíritos que se encontram enlouquecidos, outros, com seus perispíritos modificados pela ação magnética de seus torturadores, ou vítimas de seus desequilíbrios. Precisamos de muita união nos pensamentos a fim de formar uma barreira de luz que nos sirva como escudo contra aqueles que, mesmo diante da dor e do sofrimento de seus irmãos, os escravizam e os utilizam em seus trabalhos escusos. Auxilia-nos e protege nesta tarefa nosso amigo e benfeitor Bezerra de Menezes que, posteriormente, interferirá junto aos mais endurecidos. Que a oração seja nosso escudo e Jesus o nosso guia.

Kröller se despediu e nos preparamos para assistir a médium que adentraria, junto com os amigos espirituais, as regiões de sombra e de intenso sofrimento. Não demorou muito para que isso acontecesse. Um suspiro e a médium entrava em cena.

— Estou em uma região horrível. A impressão que tenho é de que me desloco sobre a lama. O mau cheiro é tão forte que me causa náuseas. Ouço gritos, gemidos, roncos, maldições, enfim,

DESOBSESSÃO – A terapia dos imortais 85

se existir um inferno acho que estou nele. Os guias dizem que eu modere o meu linguajar e que me apegue à oração. Eles dizem isso porque parecem não se incomodar com os sanguessugas que sinto subir pelas minhas pernas nem se assustam com restos humanos que bóiam na lama. Vejo cabeças, braços roídos e ossos. Vou continuar falando, pois isso me acalma. Os guias que me acompanham, três homens fortes e decididos, chegam a uma caverna e me mandam esperar. Dizem que não estou preparada para ver o que está lá dentro. Ainda bem! Se o que está aqui fora me apavora, imagine o que tem lá dentro. Essa região é assustadora. Parece um pântano pré-histórico com vôos de morcegos gigantes, serpentes que surgem e desaparecem e zumbis por todos os lados. Não se vê a luz do Sol, o ar é asfixiante e a sensação de medo me acompanha a cada passo. Essa minha língua... Preciso orar.

Eles estão de volta e trazem um homem desacordado cuja aparência é a de alguém recolhido de um lago de piche. Vão colocá-lo próximo a mim para que, através de um choque anímico, você o desperte.

O Espírito resgatado não conseguiu dizer uma única palavra. Arranhou a mesa, uivou, ensaiou vômitos e, sob o efeito de passes calmantes, adormeceu.

Em seguida, uma das videntes me advertiu baixinho de que havia um Espírito de aparência deformada, rosto assustador, fazendo anotações sobre o que ocorria na reunião. Ele trajava uma capa com *adereços* estranhos. Pendurados nela estavam muitos fetos animados, como se, realmente, se tratasse de perispíritos reduzidos, logicamente com Espíritos ali aprisionados.

Quando esse Espírito foi obrigado a comunicar-se, vociferou.

— *Por que vocês querem tomar os meus trabalhadores? Eles são meus escravos, me pertencem, não permitirei que os roubem de mim.*

Quando iniciei o passe sobre este Espírito, todos os

fetos que estavam pregados em sua capa caíram, no que ele se esforçava para apanhá-los.

— Não se mexa! Deixe as suas mãos sobre a mesa para que não tenhamos que imobilizá-lo.

— Quem vocês pensam que são, Deus? Vocês estão invadindo os meus domínios, roubando meus escravos e querem que eu fique imóvel? Santa ingenuidade se pensam que não irei reagir perseguindo vocês e seus familiares.

— Ameaças não surtem nenhum efeito aqui. Tudo quanto você tem são dívidas que clamam por pagamento. Somos os credores que batem em sua porta. A hora do ajuste de contas chegou. Seus prisioneiros ficam conosco e se lhe restar um mínimo de inteligência, não esboce nenhuma reação.

Foi então que vi a médium iniciar uma dança sinuosa como os movimentos de uma serpente, ao mesmo tempo em que emitia um som sibilino. Na tentativa de nos intimidar e, também de se evadir, o comunicante modificara seu perispírito assemelhando-o a uma serpente, passando desta forma para uma outra de morcego e mais uma de animal semelhante a um enorme gambá. Ao começar a arranhar a mesa pus minha mão direita sobre a testa da médium e a esquerda sobre a sua nuca e, sob o efeito do choque recebido ele se desprendeu escapando da minha influência. Em seguida comunicou-se uma das suas vítimas...

IDEOPLASTIA

O Espírito cria com o seu pensamento e com a sua vontade tudo quanto necessita para realizar suas atividades. Naturalmente, aqueles que têm maior poder mental, conhecimento aprofundado, vontade mais firme, constroem de maneira mais sólida e mais elaborada. A beleza das construções que o Espírito materializa depende da sensibilidade, evolução moral e de quanto amor e instrução tenha conquistado em suas existências.

Imprimindo a vontade sobre os fluidos, o Espírito cria ferramentas, vestimentas, abrigos, mobiliário, armamento, alimento, em um processo quase mágico, mas inteiramente dentro dos padrões destinados as suas necessidades e compatíveis com o seu estágio intelecto-moral. Como tais criações são fluídicas, nas quais esse material plástico e maleável, o fluido, se aglutina em obediência ao comando da vontade, pode, igualmente, sofrer desagregação por força dessa mesma vontade ou de uma outra mais potente.

Sendo assim, possuem os bons Espíritos a condição de

desarticular tais construções fluídicas, utilizando a mesma técnica que lhes deram origem, ou seja, neutralizando-as com o poder mental que já conquistaram. Todavia, como as construções dos antros de dor têm gênese nas mentes doentes e enlouquecidas que os habitam, necessário se faz tratar o Espírito revel, educando-lhe os sentimentos a fim de que sua mente, harmonizada com a lei divina, não mais promova a construção de cenários indignos da sua origem e destinação.

Caso contrário, abandonando tais enfermos a sua própria sorte, teríamos uma *queda de braço* interminável, um *monta-desmonta* cansativo no qual se alternariam a beleza e a degradação, nos mundos onde o mal ainda predomina.

O ambiente em que o Espírito vive é a expressão da sua vontade, a fotografia dos seus pensamentos, um indicativo confiável do seu grau evolutivo. Não falo do ambiente habitado por encarnados, pois em favelas mal cuidadas podemos encontrar entre seus ocupantes, trabalhadores honestos e dignos, certamente a grande maioria. Ocupo-me dos desencarnados que, ao externarem seus pensamentos, executarem suas vontades, criam no ambiente o cenário do qual se ocupam, ou seja, materializam o que pensam através do processo de modelagem cuja escultura obedece as suas aspirações íntimas.

Quando são loucos, suas construções refletem a desarmonia que portam; infelizes, depressivos, complexados, materializam paisagens cinza, figuras bizarras, natureza mirrada; criminosos comuns recriam cenas de lutas, assassinatos, roubos, estupros, enfim, todos os atos que cometeram e que agora os infelicitam. Para o vale dos suicidas são atraídos pela semelhança de pensamentos, a formar grande vórtice atrativo, aqueles que atentaram contra a própria vida. Como se trata de uma região de intenso sofrimento, é um local perturbador, causando grande angústia aos médiuns que para lá se dirigem sob o amparo de equipes socorristas com a finalidade de resgatar os que já têm condições de deixar tão macabro ambiente.

De igual modo, muitos dos que tombaram na guerra, permanecem ainda no campo de batalha, materializando os cenários em que desencarnaram, fixando neles todos os detalhes existentes no tristonho dia em que, trespassados por baionetas ou balas, beijaram o solo que deveria abrigá-los.

A médium, ao ser deslocada em Espírito para um resgate em local de antiga batalha da segunda Guerra Mundial, viu-se em plena fuzilaria com todos os seus gritos e ruídos, sangue e triturar de ossos.

— Isso não é possível! Não pode estar acontecendo comigo. Tenho que ficar abaixada para não ser atingida por alguma bala perdida. Já estudei um pouco a ideoplastia, mas não fazia idéia de como uma batalha realizada há tanto tempo poderia permanecer viva e em cores para quem quisesse assistir a ela. Para você ter uma idéia de quanto isso é real, posso ver, se fixar o olhar sobre um soldado, a sua farda, os botões da blusa, os emblemas, medalhas, costuras, a cor do cadarço do sapato, os ferimentos que ele sofreu e, acredito, mas não vou fazer isso, que até seu hálito eu poderia sentir.

Aqui estou para resgatar um soldado. Quando encarnado na Alemanha era sobrinho do homem a quem tentamos ajudar hoje. Aproveito e vou descrevendo o que vejo nesse campo criado pela imbecilidade humana. Vou adentrando o campo. Já encaro com mais frieza a carnificina que aqui aconteceu. Vejo ao meu redor corpos sem braços, outros sem pernas, cabeças fora do corpo e muito sangue manchando a neve. Alguns soldados tentam encontrar e mesmo juntar pedaços dos corpos que lhes pertenciam e outros se esforçam desesperadamente para penetrar nos cadáveres que lhes serviram de abrigo carnal e agora jazem sangüinolentos.

— Há tropas em combate neste instante?
— Sim. Estou perto de uma trincheira alemã. Os aliados se aproximam e é nítida a intenção de formar um cerco. Um soldado se aproxima. Acho que vão permitir a sua comunicação.
— Por gentileza, queira identificar-se, soldado.
— Sou um sargento especialista em desarmar bombas. Estou muito próximo à trincheira, ouço as bombas e vejo restos de corpos subirem ao ar. Estou muito ferido e necessito de ajuda. Recebi um tiro na nuca e preciso relatar isso aos meus superiores.
— Poderia descrever o acontecimento para que o faça constar em meu relatório?
— O tiro não foi disparado por inimigos, mas por um dos nossos. Foi um assassinato, visto que, propositalmente esse alemão me acertou, ferindo-me gravemente.
— Quais motivos ele teria para alvejar um amigo?
— Eu o denunciei aos meus superiores por roubar nossa munição e vendê-la para mercenários. Aproveitando a confusão da batalha ele me atingiu. Quem irá descobrir? São tantas balas e bombas que ninguém suspeitará dele.
— Muito bem! Seu pedido é justo e o atenderemos prontamente. Enfermeiros! Levem este soldado para a enfermaria – gritei. Feito o atendimento, a médium continuou a descrever o que via no campo de batalha.
— Acompanham-me alguns Espíritos embora eu não consiga distinguir seus rostos. Há muita fumaça no ambiente e o barulho é ensurdecedor. Estamos caminhando em direção a uma clareira e vejo soldados à beira de um poço. Todos estão mortos, mas tentam retornar aos corpos estendidos na terra. Eles procuram entrar no corpo como quem entra em uma roupa de frio. Apontam-me o que eu tenho que resgatar. Ele é quase um menino. Deve ter dezoito ou dezenove anos de idade. Os olhos são azuis e é um pouco alourado. Seu corpo está bem na beira do poço. Os olhos estão abertos e sua testa está perfurada. A bala

fez um caminho dentro do seu cérebro saindo do outro lado do crânio. Ele vai falar.
— *Eu sempre quis ser um soldado. Quando via aqueles batalhões, todos alinhados, seus uniformes limpos, o orgulho no rosto de cada um, eu sonhava em ser um deles. Gostava de assistir aos desfiles nas avenidas e nessas ocasiões eu ficava fascinado, sonhando em ser chamado para a guerra. No dia em que fui aceito, fiquei tão feliz, orgulhoso, ansioso para entrar em combate. Eu achava que seria um herói. Das muitas idéias pelas quais os alemães entraram em guerra eu simpatizava apenas com uma: o amor à pátria. Na primeira batalha senti um ardor muito forte na cabeça como se algo derretesse o meu cérebro...*
— Consegue me ouvir?
— *Sim. Estou com dificuldades, mas o escuto. O senhor é médico ou enfermeiro?*
— Apenas um amigo que trabalha como voluntário. Vamos retirá-lo daí e reparar o ferimento de sua cabeça.
— *Como, se meu cérebro está oco?*
— Existem meios de reparar o dano causado. Vamos lhe ministrar um calmante e você sentirá sono. Quando acordar, os médicos estarão ao seu lado para promover o tratamento de que necessita.

Ele foi adormecendo até que, lentamente a testa do médium declinou na mesa. Dali para adiante o trabalho seria concluído pela equipe desencarnada.

O VOMITADOR DE *LESMAS*

Quem trabalha com desobsessão jamais pára de se surpreender com a capacidade criativa e ofensiva do ser humano. A médium vidente havia nos informado de que o grupo mediúnico estava contaminado com larvas astrais, criadas e alimentadas pela mente de feiticeiros. Por sua descrição, na garganta, na nuca, no estômago e nas pernas de todos nós, sendo que, em cada um, o *presente* se fixava em seu ponto físico mais vulnerável, encontrava-se uma espécie de lesma, que se grudava à pele através de ventosas, a se alimentar de nossos fluidos vitais e a provocar fissuras em nossa aura, facilitando a entrada de vírus e bactérias. Essas larvas astrais, criadas pelo pensamento maléfico dos feiticeiros, tinham a função de esgotar-nos, inviabilizando a realização de tarefas junto ao amigo que auxiliávamos.

Quando isso ocorre é o momento de parar e cuidar de nós próprios. Alertamos o grupo para fortalecer a vibração, colocamos a música em tom suave e fizemos uma prece solicitando a imediata intervenção dos amigos desencarnados para a remoção daquela *novidade*. A mesma vidente passou a narrar o que acontecia, sintetizando a sua fala para que todos permanecêssemos em atitude de receptividade perante os mananciais da vida que se abriam para a nossa cura.

— *Vejo surgir no centro da mesa um aparelho semelhante a uma flor de lótus, que envia raios de várias cores derrubando as lesmas que se fixavam em nós. Elas caem e secam desaparecendo em seguida. Seus raios ainda vitalizam nosso corpo, talvez devolvendo o que foi sugado por essa espécie de parasita astral.*

Procedida a limpeza em nossos corpos eis que surge, trazido por Tibiriçá e seus guerreiros, o responsável pelas lesmas.

— Apaguem essa maldita luz! *Eu vou apagá-la! Eu consigo! Vocês não vão me dominar assim tão facilmente, seus beatos!*

— A luz permanecerá acesa como símbolo do poder dos bons Espíritos. Seus bichinhos não prevalecerão sobre ela e você terá que se explicar pela agressão que nos causou. Caso se recuse, faremos com que o seu feitiço se volte contra você.

— *Ah, ah, ah, ah, ... Descobriram os meus bichinhos, foi? Pois ainda tenho muitos mais deles prontos para corroer suas entranhas. Deixe-me ver o seu rosto. Não consigo enxergar com essa luz, mas mesmo assim vou vomitar meus bichinhos para que eles façam um bom trabalho.*

O Espírito começou a regurgitar, a fazer tanto esforço para vomitar, que temi pela médium. Caso ela estivesse com o estômago cheio, creio que teria posto a comida para fora. Lembremos de que André Luiz aconselha alimentação leve pelo menos duas horas antes do início da reunião, a fim de evitar contratempos dessa monta.

— Não está funcionando! O que fizeram comigo, seus vermes! Saibam que quando eu sair daqui vou soltar todos os bichos na pele dele. Ele vai se sentir devorado pelos vermes, vai se coçar e se ferir como um louco, tentando arrancar a pele.

— A sua rebeldia nos obriga a cumprir o que prometemos. Seus bichinhos vão se voltar contra você.

— Duvido! Logo mais seu protegido sentirá a minha força. Ele vai gritar, espernear, vai desejar morrer. Ele tem culpa, e quem tem culpa não pode reagir. Meus bichinhos vão entrar no corpo dele e devorar suas entranhas. Vou transmitir para você a cena: Vamos, meus bichinhos! Comam o corpo dele. Anda, bastardo, grita, implora a morte, se joga nas paredes, se rasga (mais vômitos e gargalhadas). Aqui eu não posso trabalhar por causa dessa luz, mas nele eu coloco tantos bichos quanto eu queira.Vamos, menino! Olha os bichos no teu braço! Vai te lavar! Vou dizer uma coisa para você, idiota! Estou aqui representando a força do mal! Eu sou a própria escuridão!

— Por nossa vez, apesar de não sermos luminosos estamos trabalhando para a luz. Prepare-se para suportar o peso da sua teimosia. Aqui nenhum fanfarrão leva vantagem nem mete medo a ninguém.

— O que foi isso? O que foi isso? Não pode ser! Meus bichos estão se voltando contra mim! Como você fez isso seu palhaço. Não vê que proferiu a sua sentença de morte?

— Seus bichinhos vão fazer a festa em seu corpo. Não é isso que você faz a quem persegue? É justo que prove do seu próprio remédio.

— Isso é falso! É falso! Não podem ter me dominado! Estou tendo ilusões! Tudo isso é falso!

— Falso? Veja como eles estão vorazes. Alguns já tentam subir para seus olhos.

— Maldição! Eu invoco as forças das trevas! Espíritos malignos venham a mim!

— Bons Espíritos! Eu invoco as forças do Bem.

Espíritos benditos venham a nós! Como eu o parafraseei, ele ficou ainda mais irritado. Mais irritado, ele teria menos controle mental para vomitar seus bichos. Essa é uma técnica perigosa, pois o Espírito acossado pode se sentir ofendido e redobrar suas forças na resistência. Todavia, a utilizei, não para humilhá-lo, mas para fazê-lo mais rapidamente chegar ao descontrole emocional. Ele começou se coçando levemente e foi acelerando, se contorcendo e proferindo maldições até que, não mais suportando as picadas em seu corpo, pediu-nos, quase implorando:

— Pare! Por favor, pare! Deixe-me ir embora que não mais o importunarei.

— Infelizmente as coisas não funcionam assim. Liberto, você voltará para maltratar a quem tentamos ajudar. Você ficará sob os cuidados e a vigilância dos lanceiros da casa. Os bons Espíritos decidirão a sua sorte.

E levaram-no para o ajuste de contas com a Lei, da qual ninguém é dado subtrair-se.

O HIPNOTIZADOR

Muitos obsessores, pretendendo reforçar suas fileiras e diminuir as chances de vitória dos seus inimigos, se aliam às equipes trevosas numa troca promíscua de favores, procedimento bastante comum entre aqueles que desprezam a ética e repudiam os conselhos evangélicos. Entre os inimigos do argentino estava um encapuzado, todo vestido de negro, cuja função era sugestioná-lo para que ele aceitasse o suicídio como uma saída honrosa e uma solução amena para as dificuldades em que se encontrava. Seu encontro conosco se deu em um desdobramento de uma das médiuns à casa do obsidiado. Esta, acompanhada de nosso amigo alemão, Kröller, sentiu muita dificuldade de aproximação devido ao poder ofensivo daquele Espírito, certamente estudioso e praticante do magnetismo, notadamente de um dos seus ramos, o hipnotismo. Ao tentar descrever o que via, a médium interrompeu seguidamente a narração por lhe faltar o

ar, ter os batimentos cardíacos acelerados e sensações incontroláveis devido à subjugação de sua mente por uma outra mais treinada, a do hipnotizador.
— Estou dentro da casa do argentino. Vejo um Espírito encapuzado que está praticamente colado a ele como um parasita a sua presa. Ele põe a mão sobre a cabeça de sua vítima e dela escorre um líquido negro que se espalha pelos centros de força do infeliz, a quem constrange. Ele já me viu e o seu simples olhar me causou uma exaustão seguida de taquicardia. Em seu pescoço vejo um medalhão com duas serpentes entrelaçadas cujos olhos são pedras vermelhas à semelhança do rubi. Vejo que na casa há muitos lanceiros, todos a postos para alguma emergência. Mas essa é uma emergência. Por que não seguram e prendem esse invasor?
Kröller aconselha calma e diz que ainda não é a hora. Afirma que o argentino precisa passar por essa prova que ele mesmo se impôs. Minha missão aqui é tentar uma aproximação com esse Espírito, mas estou com grande dificuldade em realizá-la. Todo o meu corpo treme (tivemos que segurar o corpo da médium para que ela não se machucasse na mesa mediúnica) e estou com uma sensação de desmaio.
... Está tudo escuro! Onde está a luz? Onde estão as cores? Onde está o Espírito que via antes? O que está acontecendo comigo? Estou em outro local. É a Alemanha de Hitler. Como posso estar aqui? Vejo que o encapuzado agora veste uma farda e se posiciona de frente a alguns judeus que se encontram no paredão de fuzilamento. Ele começa a atirar e os judeus vão caindo um a um. Não! Não me mate! Não sou eu! Eu não participei dessa guerra! Deve ser ilusão. Eu não estou no paredão, mas o pavor e a sensação de estar ferida é a mesma.
— Reaja (chamei a médium pelo nome, sacudindo-a levemente)! Você está sendo hipnotizada por ele. Não estamos nesse tempo nem participamos desses acontecimentos, portanto, reaja. Desperte! Organize os

pensamentos e forme uma estratégia de defesa. – Ainda aconselhei outros procedimentos, mas já era tarde. A médium estava fora de combate.

Como disse Kröller, aquilo fora uma tentativa de aproximação até mesmo para avaliar a força do inimigo. Se os lanceiros quisessem, com a ajuda da equipe espiritual encarregada do caso, o teriam detido. A hora dele haveria de chegar, disse-nos o instrutor. Por enquanto era prudente ver naquele intruso um professor às avessas, pois nos dera uma lição sobre como deixar um médium fora de combate. Certamente ele tem um ponto vulnerável, pensamos, e nos preparamos para um segundo encontro, sem nos deixarmos intimidar com aquele aparente contratempo.

Em outra reunião, a que conseguimos nos mostrar para o argentino, novamente o encapuzado esteve presente para nos intimidar com suas artimanhas. Desta feita ele se postou à frente da médium e a dominou pelo medo.

– *Estou à frente de um Espírito que muda de aspecto a cada instante, sempre me ameaçando com suas garras. Ora é um corvo gigante, ora é uma espécie de águia com garras muito afiadas que avança para mim tentando me rasgar a pele. Ele vai... Não! Não! Ele está me rasgando e estou sentindo uma dor muito forte. Meu Deus, ele entrou dentro de mim e está ferindo as minhas vísceras, expondo-as. Suas garras tentam me furar os olhos. Socorro, alguém me ajude, pelo amor de Deus!*

– Você sabe que não está vivendo essa realidade! Saia do campo de influência dele! Reaja! Temos condições de enfrentar e de vencer essa dificuldade!

– *Mas ele está dentro de mim e me rasga toda! Ele se mexe, me morde por dentro. Parece que quer me virar pelo avesso! Não posso estar vivendo isso, não posso!*

– Não está! Por que está com medo de imagens que são irreais? Vamos, mentalize a luz que está girando sobre a mesa. Seus raios destruirão essas ilusões. Reaja! Isso é uma guerra!

A luz que se parecia com uma flor de lótus continuava no centro da mesa e seus raios atingiam nossos corpos vitalizando-os. Foi então que, seguindo o conselho que lhe dera, ela começou a reagir, neutralizando os efeitos do estado hipnótico em que se encontrava fazendo com que o encapuzado se evadisse.

O PORTAL DOS FEITICEIROS

Nosso grupo mediúnico ainda não tinha enfrentado uma situação em que um grupo de Espíritos obsessores se deslocasse tão rapidamente, levando seus aparelhos e combatentes para um endereço fixo, no caso, a residência do obsidiado. Havia uma espécie de túnel ligando a região em que os feiticeiros se reuniam com a residência do argentino, fato que permitia a sua vigilância e o envio de material bélico e humano para a zona de combate em um tempo mínimo. Como nunca havíamos visto tal procedimento o chamamos de portal, termo utilizado pelos próprios feiticeiros.

Havia por parte dos nossos instrutores a urgência de fechá-lo, por isso em uma noite de muita agitação, Tibiriçá, que geralmente, pouco se comunica através de médiuns na reunião, sentenciou: — *Hoje esse portal será fechado!*

Logo uma das médiuns, desdobrada, informou as condições do local onde estava.

— *Encontro-me em uma caverna escura e o cenário é*

típico de uma região inferior. Piso na lama fétida e vejo corpos em decomposição, pedaços de membros, notadamente, cabeças e material utilizado em bruxaria. As cabeças se movem, observam meus movimentos, o que me causa muita pressão. Estou enojada, com náuseas por estar entre restos humanos e dejetos. É horrível estar aqui! Meu Deus se puder evitar isso, permita que eu saia deste inferno.

— Somos todos trabalhadores a serviço do Senhor da vida. Não existem motivos para medo ou insegurança. Mesmo que não veja ninguém ao seu redor, está assistida pelos bons Espíritos e as forças do Bem não devem se dobrar às sugestões ou criações de mentes doentias. Recomponha-se e busque dentro de si as forças de que necessita para a realização da tarefa.

— *Mas é um lugar horrível! ...Pois bem! Seja lá quem criou tal cenário para perturbar e maltratar pessoas não vai ter o prazer de me ver chorar. Os pedaços de cadáveres estão semienterrados ao meu redor. Vou ter que atravessar este pântano apodrecido e...*

— Espere um instante. Só mais um lembrete. Certamente vai encontrar alguém que precisamos resgatar ou neutralizar. Durante todo o percurso que fará, mentalize a frase do salmo que escolhemos para situações tais: **Mesmo** no Vale da Sombra e da Morte não temerei mal algum, porque Deus está comigo. Essa será sua arma.

— *Agora sei por que estou aqui. Vejo em minha frente um feiticeiro de longos cabelos, vestido com uma capa roxa, de olhar profundamente zombeteiro. Ele debocha de mim. Diz que eu sou uma formiguinha que a qualquer instante, ele, um elefante, poderá transformar em pó. Afirma que estou em seus domínios e que aqui ele é rei. É ele que manipula as cabeças para que elas fiquem me olhando. Disse que não acredita que eu, uma mulherzinha ordinária, teria a audácia de enfrentá-lo em seus domínios.*

— O quê? Mulherzinha ordinária? E você vai deixar

isso assim barato? Bem se vê que ele não a conhece. Na verdade eu mexi com os brios da médium. Fiz tal qual um menino travesso quando quer ver uma boa briga entre colegas e começa a atiçá-los, aproveitando o que é dito ou inventando o que não foi dito, como combustível para a briga. Ainda me lembro de que, quando moleque, era craque nessas induções. – Olha aí! Essa eu não agüentava! Chamou de covarde! Não! Se fosse comigo eu mandava a chibata! – Era o que eu dizia, e não demorava muito para ver os dois a quem induzia se atracarem sob os gritos da platéia improvisada. Era a hora de usar esta técnica em benefício da nossa companheira. Ditas mais algumas palavras *incentivadoras*, a médium se encheu de coragem e partiu pra briga!

— *Que seja! Se ele pensa que vai ser moleza vencer esta ordinária aqui, está muito enganado! Pode gargalhar o quanto quiser, mas passar por cima de mim, essa eu quero ver!*

Então o feiticeiro tomou de assalto o corpo da médium, que foi imediatamente afastada do corpo pelos instrutores. Essa era a tática. *Incorporado*, espumando de ódio tentou agredir-nos sem resultado. Seguramos as mãos da médium e a imobilizamos, enquanto o feiticeiro esperneava.

— *Eu sou um feiticeiro! Eu posso tudo! Tudo eu manipulo e trago todos aqui na minha mão! Vou mostrar que a minha vontade prevalece aqui! Se quiser, posso fazer de todos vocês meus prisioneiros. Não sei como conseguiram entrar em meus domínios, mas não sairão daqui sem um bom corretivo! Aqui é a minha casa! Ninguém tem o direito de entrar sem a minha permissão!*

— Aconselho que fale baixo. Você tem o direito de espernear, mas com o devido cuidado, para não machucar o corpo da médium. Se algo acontecer a ela não responderemos pela sua sorte.

— Pensa que tenho medo de um capacho como você? Aqui é a minha casa! Foi você quem a invadiu, mas não vai me dominar! Eu jamais farei o que você quer! Hoje o seu protegido vai enlouquecer e eu quero ver se você tem recursos para impedir isso.

— Realmente, não tenho esses recursos, mas os bons Espíritos é que farão o trabalho.

— Que bons Espíritos, que nada! Uma cambada de imbecis! Covardes, medrosos, isso é o que eles são. O que eles querem é estar no meu lugar, dominando este reduto. Como não podem, querem tirá-lo de mim!

— Dessa vez você extrapolou. Já não respondo pela sua integridade. Vamos retirar a sua visão e imobilizá-lo.

— Anda! Quero ver se você tem essa coragem! Você vai me pagar pelo que está fazendo comigo! Eu já marquei o seu rosto e vou caçá-lo. Sei que só é corajoso debaixo da saia desses frades. Vou matar o seu amiguinho hoje mesmo! Eu o vejo daqui. Ele está encurralado na beira da cama. Seu medo é tanto que não quer abrir os olhos. Mas ele vê as sombras que projetamos sobre ele. As sombras se mexem, tomam aspectos de gente e de monstros. As sombras vão asfixiá-lo.

O feiticeiro estava falando demais. Através de técnicas superiores às dele, caçaram-lhe a voz, a visão, e o imobilizaram. Seu orgulho ferido, falso poder e agressividade nada representaram diante da atuação dos técnicos espirituais, muitos deles ex-feiticeiros que, arrependidos e recuperados, agora se dedicam a combater o flagelo que outrora disseminavam. Neutralizado o primeiro feiticeiro, já um segundo era aprisionado para fornecer informações. Junto à médium ele começou a intimidação.

— Você é durona, não é? Pois vou quebrar os seus ossinhos, como se faz com o pescoço de uma galinha.

— É bom observar que ela não está sozinha. Caso

tenha um pouco de inteligência, deponha as armas e será bem tratado na condição de prisioneiro de guerra. Caso contrário, teremos que capturá-lo utilizando nosso arsenal de guerra.
— *Não me faça rir! Seu arsenal é de quê? Palitos de fósforo ou balas de feijão?*
— Grandes palitos com um arpão na ponta e balas de canhão.
— *O quê? Que é isso? Sua cigana maldita! Eu vou arrebentar você! Sua prostituta! Do lado desse índio você quer bancar a guerreira, não é?*
— Fale baixo! Eu disse que o aprisionaríamos, caso reagisse. Se disser mais uma palavra ofensiva será manietado e enjaulado.
— *Malditos! Vou acabar com vocês! Tire a pedra das minhas costas! Vamos, tire essa pedra que está me sufocando.*
— Você sabe que eu não vou retirar a pedra. Se continuar rebelde, ponho outra. A ordem é fechar o portal e de hoje ele não passa!
— *Inútil tentar! Só nós sabemos como fechá-lo. Você sabe que as trevas não se rendem. Redes malditas! Preciso quebrar essas malhas. Não vou ajudar em nada. Eu quero é que vocês morram, ciganos malditos.*

Depois de mais algumas ameaças o segundo feiticeiro foi a nocaute, ficando ambos dentro de uma espécie de jaula sob a guarda dos lanceiros da casa. Estávamos bem preparados, como sempre. Os índios haviam se unido aos ciganos com os quais estamos vinculados através de reencarnações passadas, ocasião em que fomos irmãos de sangue. Em seguida vieram outros, tombando todos, sob as redes, as lanças, as armas de Tibiriçá e dos instrutores da casa. Foi uma noite em que muito se exigiu do chefe dos lanceiros, inclusive, antecipando-se ao doutrinador em energia, a fim de economizar tempo para que todos fossem recolhidos e postos fora de combate. Diante da proposta de um Exu denominado Tranca Rua, que nos exigia prendas para desfazer o trabalho que ajudara a realizar, Tibiriçá adiantou-se: – *Aqui não se negocia nada!* Foi uma batalha cruenta onde os olhares eram duros, os gestos bruscos e as decisões rápidas. Senti-me, diante de tanta movimentação bélica, um general habilitado na arte da guerra. E não é que eu estava me acostumando com aquilo? Quando chegava alguém com uma linguagem um pouco ríspida, eu já queria, antes mesmo de esgotar todas as tentativas de resolução pacífica, partir para as lanças e as redes. Minha tendência guerreira teria que arrefecer. Foi o lembrete que alguém me soprou aos ouvidos. Um doutrinador é como um diplomata, embora, às vezes, tenha que pegar em armas.

O PRIMEIRO CONTATO

Até aquele momento, tudo que tínhamos feito pelo argentino permanecia ignorado por ele. Dois meses de luta e ele parecia alheio a tudo, como se houvesse sido deslocado para um mundo estranho sem contato conosco. Todavia, sempre chega o dia da mudança, pois nenhum processo obsessivo ou de qualquer natureza é eterno. O trabalho desobsessivo nos dá essa certeza: Não há problema sem solução nem dor que nunca termine. Somente as leis divinas gozam da prerrogativa desse adjetivo: *Eternas*. Em determinado momento da reunião, uma médium desdobrou-se sob o amparo dos nossos instrutores e disse:
 — *Hoje fincaremos em definitivo a nossa bandeira nesse território! Estou dentro do quarto do argentino.O ambiente está totalmente isolado contra qualquer interferência inimiga. Nosso amigo está sentado no chão e o seu aspecto é o de total abandono. Diria que não faz a higiene do corpo há vários dias e a sua aparência acusa um desequilíbrio severo. Corpo mazelado, olhar*

ausente, desnutrido, é o resumo que posso fazer de sua figura, por enquanto. Vou sentar-me ao lado dele e tomar a sua mão a fim de passar um pouco de calor humano ao seu Espírito.

Ele não sente a minha presença. Contudo, o instrutor que está ao meu lado, pede-me para falar com ele. Ele me olha, mas seu olhar é distante, como se passasse através de mim para atingir um objetivo longínquo. Quando começo a falar com ele, sinto que aperta a minha mão como a emitir um pedido de socorro. Parece pedir-me para resgatá-lo em algum abismo onde se encontra. O instrutor pede-me que o acompanhe até esse lugar onde seus olhos estão perdidos. Vou com ele e encontro uma casa simples, pequenina, com quatro pessoas em seu interior. O lugar parece ser Pomerânia, ou coisa parecida. Ele, o amigo a quem ajudamos, é uma criança de oito anos de idade e encontra-se à mesa para uma refeição. Ao tentar alimentar-se, seu prato cai da mesa, indo o alimento ao chão. Seu pai, um homem alto e forte, levanta-se encolerizado e o esbofeteia várias vezes, pondo-o fora de casa como castigo, expondo-o a um frio cortante. Vejo-o tremer de frio, suas mãos se tornam rígidas e ele chora lágrimas de ódio. Esse ódio parece se avolumar com o frio que o maltrata. Ele sente ânsias de matar quem o colocou ali. Vejo-o jurar a si mesmo que um dia se vingará do pai pelo sofrimento que este o faz passar.

    Sua mãe tenta argumentar que ele é apenas uma criança, que foi um acidente, ensaiando sair ao seu encontro, mas o esposo a retém e a esbofeteia seguidamente fazendo-a sangrar. Ele escuta o choro da mãe, entra sorrateiramente na casa, pega uma espécie de garfo utilizado para mexer as brasas da lareira e bate no pai. Os primeiros golpes atingem as pernas. Ele bate como um louco. Tem sua força aumentada pelo ódio. Seu pai se desequilibra e vai ao chão. Os golpes agora começam a atingir a cabeça. O sangue começa a escorrer dos ouvidos, da boca, até que o corpo macerado jaz inerte sob uma poça de sangue. Sua mãe e sua irmã gritam apavoradas sem saber o que fazer.

    É uma cena muito trágica. O homem morreu com os olhos

abertos, vidrados, estampando o ódio que sentia por ser agredido pelo próprio filho. Esses olhos abertos, vidrados, o acompanham sempre, e era neles que nosso amigo estava mergulhado quando entrei no quarto. Isso aconteceu no início do século XX nessa distante cidade citada por ele. Estamos voltando. Ele já percebeu a minha presença. Segura forte a minha mão. Olha para mim e as lágrimas caem dos seus olhos. É uma dor tão profunda que me dá pena. É um remorso imenso, desesperado, carregado de impotência. Deixo-o chorando sobre a cama.

Ficamos animados. Pela primeira vez, nosso amigo percebera a nossa presença. Esse fato, de suma importância, o faria ciente de que não estava sozinho na luta; que alguém se interessava pela sua amargura; que, mesmo no vale da sombra e da morte, existe esperança para quem se dispõe a recomeçar o caminho abdicando do ódio em favor de alguma migalha de luz.

A NOITE DOS VAMPIROS

Passamos a noite de sábado para domingo, dia da reunião de desobsessão destinada a auxiliar o amigo argentino, em extensa atividade de resgate em regiões de penumbra. Quando iniciamos nossos trabalhos, um grito de desespero de uma jovem sacrificada em homenagem a algum deus sangüinário invadiu nossos ouvidos, aprofundando mais ainda a nossa concentração na suavidade do amor, para que este a envolvesse e a acalmasse.

— *Por tudo que é mais sagrado, ajude-me a fugir daqui. Não quero passar por isso! Não quero ir para o altar! Eu sei o que acontece às mulheres que são destinadas a esse deus que ele cultua. São todas violentadas, têm seus corações arrancados e seu sangue retirado para alimentar esse demônio que chamam de deus.*

— Acalme-se. Não permitiremos que lhe façam nenhum mal. Seja quem for esse Espírito que você chama de deus, o nosso Deus, o verdadeiro Deus de amor e de

bondade, não permitirá que a maltratem.
— *Ele é mau! Alimenta-se de sangue!* O sacerdote nos coloca no templo por alguns dias para que nos purifiquemos e depois nos manda para o altar dos sacrifícios. *Eu assisti a tudo! Sei como tudo é feito! Não quero passar por isso. Por favor, tire-me daqui!*
— Dou a minha palavra que não tocarão em você. Acalme-se e conte o que houve para que possamos ajudá-la.
— *Eu fui escolhida para honrar o deus. Ninguém tem permissão para falar seu nome nem o do sacerdote. Quando estava no período de purificação, tentei fugir e fui capturada. Fecharam todas as portas, deixando-me confinada por alguns dias. Uma noite, deram-me uma bebida que me deixou paralisada, mas lúcida, de modo que pude assistir a tudo.*
— Pode nos dizer o nome do sacerdote? Ele já não está mais aqui para molestá-la.

A jovem começou a escrever sobre a mesa com a ponta do dedo e eu lhe ofereci uma caneta e um papel. Ela escreveu o nome UTHER, mas logo começou a se sentir mal, com intensa sensação de dor nos ouvidos. Tomou então a caneta e riscou todo o papel tentando apagar o nome que escrevera.
— *Ele me descobriu! Ele me descobriu! Estou com medo! Ele vem atrás de mim! Não tenho onde me esconder! Faça alguma coisa ou seremos apanhados e mortos.*
— É apenas uma lembrança triste que se repete em sua mente. Estou certo de que estamos seguros e de que ninguém será capaz de ultrapassar a barreira que foi erguida entre nós e eles.
— *Dê-me o papel novamente para que eu escreva o nome do deus.*

Quando entreguei o papel ela desenhou uma serpente com uma grande língua exposta em forma de forquilha, voltando a sentir toda a inquietação de estar sendo vigiada e perseguida. Novamente riscou o que tinha feito e falou baixinho.

— Arrancaram meu coração! Veja, meu peito está aberto. Não permita que me peguem novamente.

Auxiliada através de passes calmantes a jovem foi adormecendo, sendo recolhida pelos instrutores da casa. Logo em seguida, comunicou-se um feiticeiro fazendo gestos, como quem estivesse em profunda concentração junto ao companheiro que auxiliávamos.

— Veja idiota, foi isso que você fez! Não há como escapar da loucura porque eu comando a sua mente. Observe o que lhe mostro! É o seu passado tenebroso que faço vir à tona. Tudo está gravado em sua mente! Apenas faço aflorar as desastradas atuações de suas existências passadas. Pensa que pode simplesmente nos despedir como se faz com alguém que já não serve aos seus objetivos? Você não passa de um escravo! Olhe essas malditas imagens! O assassinato do seu pai, de sua mulher, de sua irmã!

— Bom dia, amigo. Vejo que está bastante ocupado retirando imagens do porão da consciência desse pobre infeliz. Todavia, estamos, igualmente, na condição de devedores, interessados em ajudá-lo, em obediência ao que disse um antigo santo e poeta de Assis: Onde houver ódio que eu leve o amor! É perdoando que se é perdoado!

— Ele me deve muito! Eu era o seu mentor antes que se tornasse um rebelde e deixasse a nossa associação.

— Importa-se em contar um pouco dessa história para que possamos entender o grau de culpa imposta a ele?

— Se é para mostrar o quanto ele é culpado vou atender a sua curiosidade. Ele era um sacerdote que praticava magia negra, tendo por esse motivo atraído a nossa atenção para os seus rituais. Assim como os bons se reúnem por sintonia, os maus se fortalecem com a incorporação de simpatizantes e de *praticantes das artes negras. Eu era um Espírito desencarnado quando o encontrei. Fui atraído pelos sacrifícios humanos que ele fazia, muito mais para mostrar-se poderoso do que por fidelidade a algum deus. Certa feita, quando ele estava no meio da mata exercitando o seu ofício negro, nós surgimos a sua frente e lhe propusemos um pacto. Eu já o dominara mentalmente e o tinha dócil aos meus objetivos, avisando ao meu superior, ao meu deus, lugar tenente do próprio Lúcifer, entidade que domina intensa região inferior com sua mão de ferro, de que poderíamos fazer dele um poderoso auxiliar entre os encarnados.*

Propusemos que ele fizesse um altar e sacrificasse periodicamente uma virgem a ser utilizada em nossos rituais, da qual arrancaríamos o coração e beberíamos o sangue.

— Não quer dizer o nome do seu superior?

— *Ele é um anjo! Um anjo da escuridão! Ninguém pronuncia o seu nome sem a sua permissão. Não podemos citar o nome de um anjo com tamanha vulgaridade. Se eu falar seu nome, serei castigado. Ele detém o poder sobre vastas áreas escuras e pode se manifestar onde for convocado. Fizemos um pacto diante de nosso deus. Ele forneceria as virgens e nós o protegeríamos contra todos os males que o ameaçassem.*

— Você quer dizer que nessa ocasião seu mestre se materializou e fez a ele, pessoalmente, essa proposta?

— *Sim. Meu mestre tomava a virgem, copulava com ela e a entregava a nós para que o servíssemos com sangue.*

— Desculpe a insistência, mas nessa cópula ele se materializava e a praticava?

— *O que tem de estranho nisso? Você não é um estudioso do assunto? Saiba que meu mestre tomava a forma tangível para obter prazer com a virgem e depois nós a sacrificávamos.*

— E UTHER concordava inteiramente com isso?

— *Quem lhe deu esse nome? A pessoa que o divulgou será severamente castigada. Estou avisando. Não mexam com o poder das trevas. Vocês não têm poder algum. Não entendem, não sabem como nossa organização é poderosa e pode atingir qualquer objetivo entre os encarnados. Mesmo que vocês estejam protegidos nós nos vingaremos naqueles que estão próximos a vocês. Saibam que é muito fácil manobrar suas mentes. Vocês têm mágoas, melindres, medos, angústias, raiva, e é com esse material combustível que trabalharemos, tornando a vida de todos um eterno pesadelo. Nós não temos o pudor que vocês têm. Não nos importamos se a criança ou o velho sofre. Não temos a cobrança da consciência a nos impedir a ação. Por isso, aviso: Saiam da frente ou serão esmagados.*

E diante de tal ameaça, evadiu-se para futuros acertos com a Lei.

Como seqüência, um Espírito que se identificou como Abdias, dizendo fazer parte da equipe do doutor Bezerra de Menezes e estar ali sob seu comando, assim se expressou.

— *Amigos! Aqui me encontro em nome de Jesus, a fim de darmos prosseguimento ao trabalho noturno, sob o comando do nosso amado Bezerra. Precisamos resgatar três Espíritos altamente enfermos, todos vinculados à prática de magia negra, os quais se encontram em uma região de profunda dor. Peço permissão à médium, para afastar, durante o choque anímico, o seu perispírito do corpo, a fim de que seus medos não atrapalhem a comunicação, fato que a deixará inconsciente durante o transe. O trabalho que realizaremos necessita de médiuns altamente treinados em desdobramento a regiões inferiores, onde possam auxiliar sem se assustar ou se impressionar com cenas de extrema degradação humana. A irmã que irá conosco, devido ao medo de insetos e ao descontrole emocional de que é tomada diante de situações de intensa miséria e de aviltamento humano, poderá interferir na comunicação, sendo preferível que nos empreste, durante o ponto crucial do resgate, apenas o seu veículo físico. Nada temam, pois ela está sob a proteção dos bons Espíritos e em trabalho para o mestre Jesus.*

O que se viu a seguir foram cenas de estarrecer. A médium, emprestando o seu veículo carnal ao desesperado que jazia consciente sob o lodo e os dejetos, fê-lo sentir-se qual se encarnado fora momentaneamente, deixando transparecer toda a sufocação e o sofrimento que o afligia, procedendo como um náufrago que, em estado de loucura, buscava o ar e algum sustentáculo que o mantivesse fora da água. Ao mesmo tempo em que regurgitava e vomitava feito animal cujo sistema respiratório estivesse bloqueado, tentava nos envolver em seus movimentos, com medo de perder a oportunidade de deixar aquele infernal tormento, talvez, a primeira durante anos de angustiosa espera.

Dispondo agora de órgãos materiais que multiplicavam suas vibrações de superlativo sofrimento, registrava-as através de urros e lágrimas, gritos e estertores dignos de um louco, embrutecido pela dor material e moral que agasalhava.

O angustiante e macabro quadro atingiu o corpo da médium, cuja taquicardia, lágrimas e falta de ar a levaram a um estado de severa aflição, misto de afogamento e engasgo, no qual, molhada de suor, olhos esbugalhados a saltar das órbitas, nos davam uma idéia do grau de desespero do paciente que atendia. Tudo quanto podíamos fazer era ampará-la evitando que se lançasse sobre nós ou de encontro ao mobiliário já que suas convulsões a arremetiam sobre a mesa, na qual tentava agarrar-se, chegando, com movimentos descontrolados, a amassar papéis e mesmo o Evangelho, únicos objetos que permitimos sobre a mesa.

Não havia como não interferir diante de tão pungente episódio. Seguramos a médium pelos braços e a imobilizamos. De sua boca saia uma espuma viscosa, fruto da intensa ânsia de vômito. Com imensa dificuldade ela ainda pronunciou.

— Sangue! Sangue! Mil vezes a morte!

O corpo da médium, qual mata-borrão grosseiro, ao mesmo tempo em que aliviava o infeliz da carga tóxica excedente também adensava as vibrações sutis dos instrutores, adequando-as e tornando-as assimiláveis pelo vampiro, que as contabilizava como miraculoso medicamento, bálsamo divino para suas dores acerbas. Todos entramos em prece. Diante daquele drama capaz de meter medo a médiuns neófitos, nos pusemos em oração deixando escapar do fundo da alma ainda impura, embora tocada pela caridade pura, sublimada por alguma gotícula de amor que alguns de nós já conseguíramos plantar no altar da consciência, a frase mais adequada a momentos dramáticos como aquele: – Senhor! *Compadece-te de nós que ainda não aprendemos a te amar.* Somente a prece poderia funcionar como medicamento para tão aterrorizante quadro. O infeliz foi se acalmando, desacelerando a respiração, até que literalmente caiu sobre a mesa deixando a médium silenciosa por alguns minutos, ocasião em que seu Espírito era levado para alguma região a fim de se reabastecer.

Nossas vibrações mentais, notadamente as da médium, canalizadas pelo filtro mediúnico conseguiram reagir favoravelmente neutralizando parte das ondas devastadoras de dor e desespero do vampiro. Tudo funcionou como duas correntes fluídicas que se chocam, e uma delas, a formada por nossas vibrações e as dos nossos assistentes, se impôs, traçando uma diretriz a ser seguida, a da harmonização perispiritual, sem a qual nenhum benefício é bem aproveitado.

Cansados, mas felizes, fomos nos preparando para o restante da tarefa.

Tais entidades não podem ficar livres devido ao deplorável estado vibratório em que se encontram, capaz de levar à loucura ou ao suicídio, alguém que tenha a infelicidade de sintonizá-las e de permanecer algumas horas ao seu lado. Caso isso ocorra, fato já comprovado pela atuação de obsessores cruéis que perseguem vítimas sem méritos diante da Lei, a vítima, *absorvendo* gradativamente toda a perturbação e sofrimento do desgraçado que lhe cede a funesta carga, acaba por enlouquecer ou se matar, tentando fugir do estado mental alucinatório que a fustiga. Espíritos com esse grau de alucinação, quando capturados por falanges trevosas, podem ser utilizados como *arma letal* contra seus inimigos. Não possuindo qualquer censura por parte da consciência enegrecida que ostentam, colocam-nos junto às suas vítimas, encarnadas ou desencarnadas, com a finalidade de perturbá-las a estas e levar aquelas ao suicídio.

Atento a este fato, os médiuns e instrutores não dispensam os lanceiros ou milicianos que, em sua tarefa silenciosa, mas altamente eficiente, fazem valer a disciplina e a segurança necessárias às empreitadas do Bem. Enganam-se aqueles que julgam ser apenas uma escolta formada por índios ignorantes ou simples soldados treinados para combater essas milícias. Os lanceiros são Espíritos fortes e disciplinados, sábios e devotados às forças progressistas do Além. Não possuem o temperamento belicoso de Átilas que se regozija em fazer a guerra pelo prazer de dominar. São conhecedores da arte e da psicologia da guerra. A força desses guerreiros está mais na mente que nas lanças, educada e treinada em trabalhos e renúncias austeros, moldada na forja da disciplina retificadora e no amor à ordem. Não são carniceiros que invadem e derrubam antros, fazem prisioneiros, subjugam malfeitores sem um objetivo justo. Junto aos instrutores, igualmente fazem uso da oração e, ao seu modo, auxiliam na harmonização vibratória necessária aos trabalhos mediúnicos.

Que não se engane aquele que adentra regiões

espirituais com o intuito de provocar danos ou malefícios a alguma instituição benemérita. Presto será vigiado e, esclarecida a sua intenção maléfica, ver-se-á à frente de um ou mais milicianos que o subjugarão.

Jesus afirmou a seus discípulos que a caridade não dispensa a prudência. Sabe-se que os Espíritos superiores, embora possam dominar mentalmente os mais inferiores, entregam a tarefa de afastar desordeiros e contraventores desejosos de obstaculizar o progresso àqueles que podem responder aos ataques que tais entidades promovem, com a única linguagem que eles entendem e obedecem: a força que os faz dobrar os joelhos.

Os lanceiros são, portanto, batalhões de elite com sólida formação técnica e moral. São preparados como os samurais que tinham seus códigos de honra e os seguiam rigorosamente. São guerreiros do Bem, Espíritos decididos e amantes da paz, por isso vão à guerra. Que o diga Tibiriçá.

Voltando à idéia anterior, após este adendo, fica mais fácil compreender a existência de cadeias destinadas a reter Espíritos maléficos no plano espiritual, pois a liberdade para eles significaria maiores tragédias, já que não se importam com a extensão dos danos que causam.

Sábia é a providência adotada pela Lei quando arrasta por força de vibrações semelhantes, os incautos que sintonizam com essas regiões densas devido à grosseria perispiritual que lhes caracterizam. Essa semelhança fluídica lhes permite ser sugados e permanecer cativos ao meio, como o ferro ao ímã. O sofrimento que os torna, com o passar dos anos, mais receptivos à atuação dos Espíritos caridosos, é a única lixa que desgasta essa *petrificação perispiritual*, fazendo com que estes amorosos mestres, quando entendem que chegada é a hora de retirá-los devido às mudanças positivas que apresentam, adentrem na lama e os recolham.

O mesmo ocorreu com os outros dois vampiros, chegando um deles a assumir a posição de feto e a ficar paralisado após os macabros estertores provocados pelo choque anímico que sofrera. Há quantos anos estariam sob aquela lama? Através de atos insanos, de agressões a seus irmãos, do uso do sangue transformado em droga perniciosa, adensaram seus perispíritos de tal forma que foram atraídos para o charco, passando a fazer parte dele, não mais logrando libertar-se por absoluta afinidade perispiritual com aquele meio.

Tal condição assemelha-se a uma segunda morte, ficando o Espírito revel à mercê da caridade dos bons Espíritos já que, enlouquecido ou em estado de hibernação, não tem por si só, condição de organizar os pensamentos para se livrar da situação em que se encontra. Seria isso verdade? Anotei na agenda esse questionamento para perguntar aos nossos instrutores quando a ocasião se revelar.

Terminado o resgate, Abdias comentou:

— *O trabalho de Jesus é árduo porque exige de cada aprendiz uma reforma nos sentimentos a fim de se liberar dos fardos inúteis que, geralmente, carrega. Esse trabalho que efetuamos agora pode ser resumido em uma única palavra: amor. Os irmãos resgatados foram colocados em cabinas para que suas intensas vibrações de dor não afetem aos que aqui aguardam a cura para seus males. Todas essas providências foram patrocinadas pelo amor que Jesus veio ensinar e exemplificar. Quando buscamos um trabalho, o amor o oferece; se queremos proteção contra as arremetidas das trevas, o amor é uma muralha divina; se almejamos a felicidade, o amor a construirá em nossos corações. Nada devemos temer quando armados com o amor. Mesmo no vale sombrio onde adentramos hoje, o amor vigilante de nosso mestre nos protegeu e nos trouxe intactos. Amemos a Deus, a nós, ao próximo, e o amor nos envolverá em suas pétalas macias, não permitindo* que as agressões do mundo venham a nos ferir. Ânimo, irmãos! Jesus venceu a morte e nos aguarda no campo de lutas a fim de testemunharmos, através do trabalho, que somos seus aprendizes. Cabe-nos não decepcioná-lo com nossa acomodação.

Feito o resgate, Abdias nos deixou para outros serviços.

A QUEDA DA FORTALEZA

Estávamos aflitos com a falta de notícias daquele amigo argentino. Escrevêramos algumas cartas solicitando informações; localizáramos no mapa da Argentina a região em que ele morava a fim de avaliarmos a sua distância de Buenos Aires e de contatá-lo através de algum órgão espírita argentino. Dias depois, quando já providenciávamos o envio de um exemplar de *O Livro dos Espíritos* e outro de *O Livro dos Médiuns* escritos na língua espanhola para que ele fosse se familiarizando com a Doutrina Espírita, nos chegou a primeira de uma série de cinco provas do projeto Vek, Curso de Iniciação ao Espiritismo, para que a corrigíssemos, com a assinatura daquele já amado e desconhecido aluno.

Acompanhava a prova uma pequena carta cujo teor nos deixou satisfeitos quanto ao progresso que as reuniões de desobsessão lhe propiciaram: *Durante a noite escuto vozes que me chamam. Sinto o tato das mãos em meu rosto e nos pés. Consultei um neurologista, que me fez um eletro encefalograma,* resultando em um diagnóstico normal. Vocês podem avaliar quanta esperança tenho em meu relacionamento com vocês? Já consigo acreditar em uma existência paralela com o mundo dos Espíritos.

Todos sonháramos com a continuidade dos trabalhos efetuados durante o sono físico e aquela notícia veio confirmar o já adiantado estágio em que se encontrava o seu processo de libertação e de outros benefícios proporcionados aos demais personagens envolvidos naquele drama de guerra.

Felizes, iniciamos mais uma reunião, convictos de que estávamos no caminho traçado por nossos instrutores. As manhãs do Ceará são sempre lindas como o seu mar e os seus coqueirais. Lembrei, diante de tantos cenários de guerra vistos naqueles três meses, o quanto fora abençoado, quando enviado a uma região tão acolhedora e bela. Intimamente agradeci por este privilégio e, sem qualquer hesitação, abri a reunião para que nossos amigos espirituais utilizassem o espaço, amplamente alargado pelo lado espiritual, do velho *Grão de Mostarda*.

Proferida a prece inicial, adentrou o ambiente, sendo convidado a sentar-se em uma cadeira especial, pois tinha apêndices que a ele foram ligados, o argentino, que àquela hora da manhã deveria estar com o seu corpo físico ainda em repouso. Cabia-lhe assistir a reunião para que tudo ficasse devidamente gravado em sua memória espiritual, firmando-lhe o desejo de, sem demora, assumir a tarefa a ele designada, qual seja, a de educar a sua mediunidade tornando-a produtiva sob a inspiração da caridade e o patrocínio do mestre de todos os mestres, o guia espiritual da humanidade terrena, Jesus.

Pelo olhar dos videntes ele pareceu ansioso e um pouco assustado, mas dócil quanto às instruções dos amigos espirituais. Sem demora, representando um grupo de soldados que permaneciam presos em uma rede, um deles desabafou:

— Anda, corta isso! Estamos sufocados nesta rede e você não faz nada! Já lutamos para quebrar estas cordas, mas elas parecem de aço. Não acha que já é tempo de nos libertar?

— Certamente. Vamos afrouxar as cordas para que respirem melhor. Pronto! Já pode me contar a sua história.

— Nós somos muitos. Não basta sermos escravizados nesta prisão durante anos e ainda ficar nesta rede como peixes fisgados? Quem inventou esta arma? Parece uma bola transparente que se amolda aos nossos movimentos, mas não quebra. Movemo-nos de um lado para o outro, cansamos na tentativa de evasão e tudo quanto conseguimos foi ficar mais grudados a ela.

— O que faziam quando foram apanhados pela rede?

— Perseguíamos a um inimigo. Nosso comandante pode nos prender e torturar se fracassarmos em nossa missão.

— Caso capturassem esse inimigo, o que fariam com ele?

— Justiça. Temos permissão para estrangulá-lo com nossas próprias mãos, caso haja meios. Não acreditamos na justiça dos homens. Devemos fazer sofrer quem nos trouxe sofrimento, essa é a verdadeira justiça.

— O que essa pessoa fez?

— Causou a ruína de nossas vidas. Estamos nessa situação por causa das denúncias que ele fez. Quando o capturarmos e o entregarmos ao nosso comandante a guerra terá terminado para nós. O senhor já conhece a história desse covarde que nos apontou para escapar da forca, enquanto todos nós morríamos sob as balas inimigas.

— Serviu na guerra sob o comando dele?

— Sim. Por ele padecemos muitos tormentos. Quando notamos que não era um soldado digno, que não honrava a farda que vestia, sofremos muito, mas nada pudemos fazer para impedi-lo de nos comandar. Como último ato covarde de sua vida, antes de ser preso, nos denunciou.

— Vamos auxiliar a todos vocês, proporcionando-lhes hospedagem e entrevista com nossos superiores a fim de que exponham seus planos e sejam auxiliados nos bons propósitos que alimentam. Sei que alguns querem notícias de parentes mortos, outros planejam iniciar novas tarefas ou mesmo continuar os estudos interrompidos com a guerra. Todos serão ouvidos e atendidos em suas justas aspirações de crescimento para Deus. Depondo as armas agora não serão considerados desertores, mas pessoas que buscam a paz, sendo reintegradas à sociedade sem discriminações ou acusações quanto à conduta de outrora. Todos serão tratados com justiça e preparados para novos tempos de paz.

— Se nos garante o que disse estamos dispostos a tentar esse novo caminho. Estamos cansados da guerra.

— Aperte minha mão como sinal de amizade e símbolo do compromisso que agora firmamos um para com o outro. Nossos superiores os esperam para enviá-los ao novo lar.

Aquele soldado sofrido, representando a alma angustiada da tropa resgatada pelas redes magnéticas, merecia o melhor que pudéssemos oferecer a um companheiro já cansado e descrente da bondade humana. A guerra faz aflorar o instinto animal que dorme em cada homem. O sangue, continuamente derramado, o torna insensível ao sofrimento, mesmo o de velhos e crianças. Era preciso reeducá-los, relembrar o real significado da vida como investimento divino, desviar seus olhares viciados em tragédias para objetivos onde a beleza, a suavidade, a serenidade pudesse tocá-los. Em resumo, diria ser preciso recriar em suas vidas a capacidade de ter sensibilidade e de se emocionar. Enquanto simbolicamente eles depunham as armas, uma médium em desdobramento me reclamava a assisti-la em mais uma missão à frente de uma fortaleza alemã.

— Encontro-me de frente para uma fortaleza amplamente vigiada. Apesar da paisagem deprimente ao redor, terreno descampado, árido, clima cinzento, ela tem todo o aparato necessário a um ambiente militar. Há tropas que se deslocam em exercícios, soldados que fazem continência para seus superiores, sentinelas, material bélico, enfim, estou diante de um quartel bem aparelhado para a guerra. Penetro em uma sala e noto alguma organização no mobiliário. Sentado junto a uma mesa, um senhor louro, de alta patente, de sorriso sarcástico, condecorações no peito, me olha com ar de superioridade e de reprovação.

Escuto a sua voz dentro da minha cabeça chamando-me de inseto. Como a sua sala não tem detector de insetos, eu consegui adentrar, afirma. Prossegue informando que há em seu arsenal, inseticidas fulminantes destinados a casos dessa natureza. Diz que só entra nessa sala quem tem a sua permissão. Agora se dirige a minha direção e pelo seu olhar parece que vai agredir-me.

— Nada tema. Ele não lhe fará mal. Sua missão é permitir que ele se comunique conosco. Caso haja risco para você, imediatamente a retiraremos daí.

— Sua vadia! O que faz em meus domínios sem a minha ordem?

— Bom dia, amigo. Aqui me encontro representando o exército que o combate a fim de negociarmos a sua rendição, bem como a de seus auxiliares.

— Um bom soldado, nem morto se rende. Vocês agora foram longe demais! Jamais poderiam entrar nesta fortaleza militar sem a minha ordem.

— Com o devido respeito, senhor, fortalezas são invadidas e até derrubadas. Foi o que aconteceu na Alemanha no final da guerra.

— Não a minha! O senhor conhece a hierarquia. Sou um general e aqui minha palavra é lei!
— Quando a lei é injusta não resiste ao toque da justiça. Repito que estou aqui para negociar a sua rendição a fim de que a queda da fortaleza não venha a ser um episódio traumático para os que não acatarem as ordens superiores.
— E quem é você que pensa em dar ordens a um general alemão?
— Um soldado do Centro Espírita Grão de Mostarda, a serviço das forças de paz convocadas para pôr fim a este conflito.
— Se é um soldado tem que bater continência para mim. Sua petulância está me fazendo perder a paciência.
— Senhor! Generais também são aprisionados e até fuzilados. Deve ter visto isso algumas vezes.
— Eu jamais fui aprisionado, apesar da traição daquele verme imundo. Quando começou a guerra jurei a mim mesmo que jamais seria capturado. Nenhum desses soldados nojentos, ingleses ou americanos, encostou um dedo sequer em mim.
— E como fez para escapar da justiça dos aliados? Atirou no ouvido como seu comandante fez?
— Apenas coloquei uma bala dentro do meu cérebro. Como você pode observar estou ativo, lúcido, imbatível, tão inteligente quanto antes.
— Difícil de acreditar no que diz, com esse buraco no crânio e esse sangue escorrendo o tempo todo.
— E daí? Que diferença isso faz? Desde os 18 anos de idade convivo com o sangue, tanto o dos meus inimigos quanto o dos meus aliados. Calquei muitas vezes a minha bota sobre as vísceras sangüinolentas e jamais me impressionei com isso. Muitas vezes chutei cabeças ensangüentadas para dentro de covas rasas sem que isso me tirasse o sono. Sangue para mim não é problema. Ele jorra incessantemente da minha fronte, porém aprendi a conviver

com ele. Ao contrário do que você pensa, isso me fortalece a fibra de soldado.
— Está perseguindo Krall?
— Vejo que já investigou o caso. Ele era alemão como eu, mas apesar de ter nascido nessa pátria gloriosa, não passa de um verme que tinha nas veias o maldito sangue dos judeus.
— Está bem certo do que diz?
— Ele escondeu esse fato de todos nós. Descobrimos que sua mãe era judia. Branca, loura, germânica, mas com o sangue deteriorado nas veias.
— Mas que diferença tem o sangue de um homem em relação a outro? Levado ao analista todos têm a mesma composição. O Espírito é que é mais ou menos puro.
— Filosofia barata. Sangue maldito! Ele escondeu esse fato porque tinha vergonha. Seu pai era alemão puro, mas sua mãe era judia. A mãe escondeu, mesmo do marido, a sua descendência.
— Alguma vez ele demonstrou algum rasgo de piedade por algum judeu?
— Não! Ele nunca protegeu ninguém! Ele tinha nojo do sangue que trazia nas veias. Era um conflitado tentando negar a si mesmo o verme que era.
— Como assim?
— Ele sempre foi uma mente pervertida. Um doente que se deleitava com todo tipo de maldade. No começo, quando os atingidos eram apenas judeus, ciganos, homossexuais, achávamos aquele comportamento interessante. Mas ele não atingia somente a essas raças inferiores que são a escória e a vergonha do mundo. Passou a prejudicar também os de nossa raça. Então começamos a ver o seu caráter doentio.

Como precisávamos limpar a terra dessa gentalha nojenta, ignorante, para formarmos a potência que dominaria o mundo, esse era o nosso sonho, fomos tolerando sua presença, até que nos atraiçoou.
— Como soube de tudo isso?

— Tínhamos bons informantes. Esse canalha medroso, assim que começou a invasão dos aliados, denunciou nossas posições. Contou onde se encontravam as mais importantes guarnições e fomos caindo um a um. Como ele conhecia o codinome e a localização de nossos espiões na Europa, também os entregou. Revelou nossos códigos, pelos menos, os que ele conhecia. Como pode ver, estamos lidando com um verme da pior espécie.
— Com isso ele foi poupado?
— Não! Mas não teve o mesmo rigor no julgamento como os demais prisioneiros. Foi preso e depois de poucos anos o libertaram. Nossos amigos, aqueles que não tiveram a coragem de fazer o que eu fiz, pegaram prisões perpétuas, enforcamentos, fuzilamentos e outras atrocidades. Mesmo depois de mortos, os heróis alemães foram execrados.
— O senhor acha que existe gravado nos livros de história algum feito dele?
— Desse traidor? Não! A história não cita generais a não ser que eles tenham tido um destaque extraordinário, o que não é o caso dele. Citam o nome de comandantes, dos que estavam à frente dos campos de concentração, dos chefes.
— Posso fazer uma pergunta de cunho pessoal? Sinta-se à vontade para respondê-la ou não.
— Se não comprometer nossas posições nem humilhar nossas tradições posso responder.
— O suicida é atraído para locais de grande sofrimento onde passa anos em tormentos atrozes. Isso ocorreu com o senhor?
— Sei o que quer dizer. Não fiquei fora de combate. Não tive tempo para pensar em meu ferimento, pois o único objetivo que me dominava era encontrar esse canalha. Não pense que foi fácil localizá-lo. Quando o encontramos ele já estava na matéria. Era uma criança assustada, principalmente quando percebia a nossa presença. Nosso principal objetivo era enlouquecê-lo antes de levá-lo ao ato supremo do suicídio. Ainda não desistimos

do nosso intento, mesmo com a interferência dos senhores. Quando cheguei aqui encontrei parte de minha tropa. Posso lhe afiançar que muitos dos meus comandados e alguns dos meus superiores estavam aqui a minha espera. Himmler era um dos comandantes.
— Acredito que não seja mais possível levá-lo ao suicídio. Agora ele se encontra sob a proteção de Espíritos interessados no seu progresso, os mesmos que planejaram a sua reencarnação. Ele tem uma tarefa que precisa executar a benefício próprio e daqueles aos quais prejudicou.
— *Traidores não têm tarefas, mas ciladas para quem os protegem.*
— Traidores se arrependem e são auxiliados. Se ele, que foi um traidor, mereceu misericórdia por parte dos bons Espíritos, mais terão outros, cujo objetivo durante a guerra era construir um mundo de paz.
— *Arrependimento de traidor é fingimento. Lágrimas de traidores são prenúncio de punhaladas pelas costas.*
— O senhor reaglutinou os comandados?
— *Essa fortaleza foi construída com a força do ódio de todos nós. Ela tem as mesmas características de uma fortaleza do plano terrestre. Aqui não existem apenas desafetos do seu apadrinhado. Ele não é tão importante assim. São muitos os devedores em castigo neste sítio. Somos credores que arregimentam tropas entre os que devem à Lei para forçá-los a trabalhar para nós. O fato de darmos importância a esse verme que o senhor esconde é que ele é um traidor. Os traidores jamais devem ser esquecidos ou perdoados, pois para nós a fidelidade é um ponto de honra. Digamos que ele está na linha de frente, na alça de mira das nossas armas.*
— Que tipo de prisioneiros mantêm nessa fortaleza?
— *Prisioneiros comuns de qualquer espécie. Precisamos de trabalhadores, de peões que abram trilhas nas matas, que removam a lama, que vasculhem dejetos à procura de quem queiramos encontrar. Precisando de espiões, treinamo-los e os enviamos a*

campo. Quando a necessidade pede escravos, escravizamo-los e os utilizamos como burros de carga. Em resumo, nossos prisioneiros suprem nossas necessidades.

— Seu serviço de segurança parece não ser bom, pois entramos sem ser vistos.

— É verdade. Vi hoje um inseto que será esmagado a tempo certo.

— E se eu disser que podemos entrar a qualquer hora em sua fortaleza e que só esperamos a ordem para derrubá-la? Estou aqui para negociar sua rendição e devo informá-lo de que suas chances são mínimas e a derrota está às portas. Lembre-se de que o senhor não mais poderá tentar o suicídio para evadir-se. Queremos encerrar este capítulo sem maiores tormentos. Entregando as armas, será nosso hóspede, terá sua bandeira respeitada, seu ferimento será tratado e ficará sob o amparo de juízes justos que o aconselharão quanto aos planos futuros. Aproveite a chance, general. Conhecemos sua fortaleza, seu potencial bélico está inoperante, neutralizamos suas defesas, desligamos seus aparelhos de vigilância e a qualquer hora será dada uma ordem de invasão. Por favor, venha comigo em paz.

— Para fazer isso será preciso ir contra o que vocês pregam, o livre-arbítrio. Eu quero continuar dirigindo a fortaleza e combatendo meu inimigo. Opor obstáculo as minhas pretensões será desrespeitar o meu livre-arbítrio, e isso vocês não farão.

— O senhor não conhece em plenitude as leis de ação e reação. Quem utiliza mal o livre-arbítrio cai no determinismo da Lei. Está vulnerável, fragilizado, e não há estratégia que o salve da derrota. É sua última chance! Renda-se ou será obrigado à força a uma rendição.

— Sei que estou sendo vigiado. De vez em quando essas malditas redes subtraem soldados e eles desaparecem para sempre sem deixar vestígio. Caso não aceite a rendição o que ocorrerá

comigo?
— Queremos evitar sofrimento e humilhação para o senhor. O buraco no crânio vai tirar sua lucidez e não mais permitirá impor uma seqüência lógica a seus pensamentos, incapacitando-o para o comando. Será tratado como um inútil pelos que antes o temiam. Como o obedeciam por medo, irão à forra, torturando-o e obrigando-o a servi-los. Conosco será tratado com humanidade e respeitado em seus positivos valores. Quanto aos seus comandados, a Lei com suas reservas de misericórdia acomodará a todos.
— *Talvez chegue o dia de ser pescado, mas hoje ainda dou as cartas por aqui. A paz que o senhor oferece é a maior ilusão que o homem carrega. Não estou sendo rebelde para desafiá-lo. Não existe paz em nenhum lugar, basta que olhe à sua volta.*
— É uma pena desprezar essa oportunidade de sair do campo de luta com dignidade. E seu amigo Himmler, não gostaria de examinar a proposta?
— *Ele não está mais aqui. Deve estar comandando alguma sucursal no inferno. Parabenizo-o pelas vitórias que obteve. Não vou menosprezá-las, pois foram leais.*
— Ainda mais uma vez, indago: Não tem saudade de ninguém que possamos contatar tal como esposa, mãe, filhos?
— *Não! Quando ingressei no exército me desvinculei de todas essas bobagens. Minha única e exclusiva missão era dedicar-me de corpo e alma aos interesses de minha corporação. Obedeci cegamente aos meus superiores e executei com a máxima fidelidade todas as ordens e planos que me couberam efetivar. Sou um soldado, portanto não trago arrependimento.*
— Posso dizer aos meus superiores que o senhor recusou nossa mão estendida?
— *Sim! Jamais aceitei uma rendição. O sangue que verte da minha fronte é um atestado do que digo. Se tiver que cair que seja no campo de batalha.*

— Lamento sua decisão. Que Deus ajude a todos nós a nos desvencilharmos das armas e a construirmos a paz que verdadeiramente nos una.

Feitos todos os esforços para garantir àquele general um tratamento menos doloroso, não havendo arrefecido o seu orgulho, ele agora estaria à mercê dos acontecimentos já prestes a se iniciar. As tropas de Tibiriçá e de outros guerreiros, com a ajuda dos técnicos que poriam fora de combate qualquer arma inimiga, invadiriam e poriam ao nível da terra, se essa fosse a ordem, aquele antro de violência. Ninguém desafia a Lei eternamente. Costumo dizer, e nem sei onde escutei essa frase persuasiva e cheia de energia: *Ninguém é forte fora da Lei.*

Ainda na mesma reunião, vimos sair pelas portas abertas da fortaleza, um batalhão de prisioneiros. Alguns feridos, outros amputados, fardas rotas, olhares alucinados, vazios, sofridos. A médium vidente mirou em um deles que a emocionou.

— Vejo um soldado idoso. *Não sei se foi o sofrimento que o envelheceu. Ele traz uma perna amputada e uma venda sobre um dos olhos. Sinto que seu olho foi vazado em alguma batalha. Ele caminha com muita dificuldade. Vejo lágrimas caírem do olho sadio. Ele chora. Está emocionado e me emocionando também.*

— Você tem condições de abordá-lo? Certamente ele sabe muito sobre essa guerra.

— *Vou aproximar-me dele. Não ligue para minhas lágrimas.*

— *Meu Deus! Eu me sinto tão responsável por tudo o que aconteceu com essa pobre criança. Eu a conheci menino, quando trabalhava como lavrador em uma propriedade rural próxima de onde ele passava as férias escolares. Era um menino jovial, sorridente. Depois o vi tornar-se adolescente, brincalhão, alegre, e tive o dissabor de reencontrá-lo anos mais tarde, já tenente.*

— O senhor está falando de Krall?

— Sim! Eu jamais poderia imaginar que aquele menino sorridente se transformasse em um homem tão frio, tão orgulhoso dessa maldita farda da qual deveríamos nos envergonhar. Essa farda arruinou o nosso país, encheu de vergonha a minha gente, nos transformou em párias diante da humanidade. Que orgulho pode haver em vesti-la? Hoje somos rotulados de assassinos, verdugos de outros povos. E ainda nos dizem que somos superiores. Eu nunca acreditei nessa falsa superioridade. Superior a quê? Eu não passo de um pobre camponês arrancado da terra para entrar em uma guerra que não criei. Eu lavrava a terra e dela tirava o meu alimento e isso me bastava. Eles vieram, nos convocaram e nos vestiram essa maldita farda. Diziam muitas vezes por dia que éramos uma raça superior. Que essa farda era a nossa glória. Que deveríamos conquistar a Europa e depois o mundo, pois para isso estávamos predestinados. Olhe os farrapos que sobraram.

— Por qual motivo o amigo estava prisioneiro nessa fortaleza?

— Por não acreditar mais nesses ideais loucos com os quais tentavam nos seduzir. A princípio, todos fomos compelidos à guerra. Depois de alguns combates deixamos de ser humanos e nos tornamos animais. Perdemos toda a sensibilidade humana assistindo a cenas brutais e participando delas. O ódio foi nos envolvendo devagar até nos dominar por completo. Aquele homem cruel não nos permitia um descanso. Passava todo o tempo a nos martelar a mente, a nos humilhar. Jamais gostei de bater continência para ele.

— Ele entrava em combate? Tinha fibra de guerreiro?

— Matar, ele matava. Matou a muitos dos nossos pelas costas, mas nunca o vi na linha de frente em atitude viril de soldado. Era um covarde vendilhão de armas. A ele só interessava o dinheiro das armas e das bebidas que traficava. Ele era um bastardo, sem bandeira, sem país, sem humanidade. Meu ódio por ele foi crescendo dia a dia. Por causa desse ódio fui recrutado *para capturá-lo.*

— Mas então, como se tornou prisioneiro?

— Cansaço da guerra, descrédito nos superiores, desinteresse pela vida, que me deu coragem de dizer não a uma ordem superior. Hoje não sinto mais nada, nem ódio, nem amor nem esperança.

— Como perdeu o seu olho?

— *Foi um estilhaço que o perfurou. Quando isso ocorreu, em campanha para tomar a Polônia, disseram não haver tempo para cirurgias minuciosas, que eu ainda tinha um olho, portanto, que vendasse o inútil e continuasse atirando no inimigo. Quando os aliados invadiram a Normandia fomos obrigados a recuar. Em uma das fugas, uma bala atingiu a minha perna e fui mandado a um hospital militar, onde a cortaram. Dois dias depois me disseram que ela gangrenara. Deixei o corpo em 72 horas, aqui aportando meio cego, manco e cheio de ódio por esse idiota. Algum tempo depois, descobri através do sofrimento, que o idiota era eu. Estou tão cansado, velho...*

— Posso lhe garantir que terá sua perna e o seu olho de volta. Por favor, suba nesta maca que o enviaremos de imediato a um hospital onde será tratado com respeito e humanidade. O senhor tem a minha palavra que recuperará a saúde.

— *Quero ter um pouco de paz. Preciso esquecer...*

Fiquei deveras penalizado com aquele velho combatente aprisionado, ignorante quanto ao poder que ele mesmo teria, caso conhecesse a plasticidade do perispírito e o poder que a vontade forte e treinada possui na modelação de partes perdidas do corpo, de recompor a si próprio. Muitos amputados são trazidos à mesa mediúnica para que o doutrinador, tomando como molde o corpo do médium, induzindo o paciente a ajudá-lo mentalmente na modelação, com o auxílio dos técnicos e do ectoplasma dos encarnados presentes, promova a *restituição* de membros perdidos.

Atendendo certa feita a um garoto sem as duas pernas, ouvi dele a queixa de que alguém lhe prometera um par de muletas e jamais lhe dera o presente. - Como perdeu as pernas - perguntei.

— *Era surfista de trem* - respondeu. — *Você não sabe a sensação de liberdade que a gente sente quando sobe no trem, escuta o som do vento passando pelos cabelos e vê aquelas casas passando depressa como se corressem com medo dele,* completou. *Um dia o segurança subiu para me arrancar de lá e eu pulei pela janela para o interior do trem. Minhas pernas foram cortadas pela porta automática que fechou bem na hora em que eu passava.*

— *Esse foi o drama que me contou.*

— Vou ver o que posso fazer pelas suas pernas.

— *Nada. Só se o senhor fosse rico e mandasse colocar em mim umas pernas mecânicas.*

— Isso é coisa ultrapassada. A onda agora é implantar pernas normais, iguais às que o paciente tinha antes do acidente.

— *Isso deve ser muito caro. Eu sou pobre, moço! Nunca poderia pagar por essa operação.*

— Neste hospital o pagamento da operação é a ajuda que o paciente dá durante a operação.

— *Mas, como vou ajudar, se a gente fica dormindo?*

— Isso era antigamente. Tudo pronto, doutor? Certo! O médico disse que você só precisa ficar pensando nas suas pernas. Como eram elas antes do acidente.

— *Elas eram bem peludas. Eram boas para pular e dar cambalhotas.*

— Pois bem! Pense bastante nelas. Vou aumentar o volume da música para fazer a prece.

— *Será que isso vai dar certo? O senhor não está me enganando?*

— E eu tenho cara de enganador?

Comecei a fazer a prece solicitando aos bons Espíritos a ajuda necessária para aquela modelação. Ele começou a sentir um formigamento nas pernas e a tentar apalpá-las num misto de descrença e admiração. Foi então que, utilizando o idioma jocoso da minha terra, perguntei.

— Vixe! Que pernas cabeludas são essas, macho. Até parece pernas de lobisomem.

Ele sorriu meio sem jeito e eu prossegui.

— Olhe se não ficou com os pés para trás como o curupira. Na última operação que fiz, aconteceu isso.

Ligeiro, ele levou a mão até os pés e deu um sorriso tão largo que quase me fez chorar de emoção. Coisas assim sempre me emocionam, deixando-me meio engasgado.

— *O senhor é um médico muito bom.*

— Nem tanto, mas hoje eu caprichei. Apareceu até areia nas unhas.

— *É areia do morro onde eu morava.*

— Olha, nada de pegar carona de trem daqui por diante. Se quiser sentir o vento nos cabelos peça ao frade que o trouxe, um ventilador, certo?

— *Sim, senhor!*

— *Quando for jogar a primeira partida de futebol, me convide. Quero ver se as pernas novas estão funcionando bem.*

— Pode deixar. Eu convido o senhor.

E se foi saltitando com suas pernas novas. Comovido, agradeci por aquele momento, aquele conhecimento, aquela doutrina que me descortina um mundo de oportunidades para fazer o Bem. Doutrina Espírita, a tua beleza ultrapassa todos os matizes do amanhecer e todos os perfumes do entardecer.

A RENDIÇÃO DO GENERAL

Era domingo de Páscoa. Sabíamos que aquele caso estava em seus acordes finais. Todavia, munidos de todas as precauções atinentes a uma reunião de desobsessão, fizemos nossa prece e aguardamos as providências por parte da equipe desencarnada que nos comanda. Antes do início da reunião, as videntes detectaram a presença de uma grande orelha com muitos fios luminosos moldada por nossos instrutores, cuja finalidade era transmitir o que ali ocorreria a outras regiões por nós desconhecidas. Dessa orelha saía um fio a perder-se no horizonte. Talvez convergisse para o argentino ou, quem sabe, para outros componentes do batalhão do general, dispersos e aguardando a oportunidade de resgatá-lo a fim de reiniciarem a perseguição, ora em fase final.

Presto, uma das médiuns deu o tom da sinfonia a ser tocada naquela manhã.

— *Encontro-me na fortaleza alemã. Ao contrário da outra vez em que estive aqui, hoje reina grande quietude, quebrada apenas* pelos gestos nervosos de seus quatro ocupantes, todos militares com patentes superiores. Não estou sozinha nesta visita. Ao meu lado, mais precisamente um pouco a retaguarda, encontra-se a comitiva que me acompanha, composta por nossos instrutores e alguns lanceiros, prontos para qualquer emergência.

    O general com o qual você falou na semana passada caminha de um lado para o outro insistentemente, com as mãos voltadas para trás. Hoje seu olhar parece perdido. Um ar de desesperança toma conta do seu rosto e a sua aparência é a de alguém desequilibrado. Diria que ele tem dúvidas quanto a que decisão tomar, pois olha para a porta como se tivesse que atravessá-la, mas vacila, e volta à atitude anterior.

    Percebo os seus pensamentos, que parecem confusos. São imagens de guerra, atrocidades nas quais participou com o seu ex-amigo Krall. Esses pensamentos se alternam com outros nos quais ele é uma criança acarinhada pela mãe. Quando ele lembra da segurança junto aos braços maternos as lágrimas lhe vêm aos olhos. Em seguida voltam os pensamentos de ódio, as cenas dantescas da guerra. Ele está em conflito. Sente-se dividido entre a vontade de largar tudo, esquecer, entregar os pontos e o desejo de levar a vingança que alimenta até a sua consumação. Senta-se a uma cadeira e fala consigo: Estou cansado! Isso não pode continuar assim.

    Dos três oficiais que estão com ele, apenas um que é idoso e está demenciado, já não escuta nem vê nada ao seu redor devido ao estado de apatia que apresenta, vai ser retirado pela equipe que me acompanha. Os outros dois conversam entre si, confabulam sobre o estado de saúde do general. Este, pondo as mãos sobre o rosto, começa a chorar. Aproximo-me dele. Ele vai falar.

    — Meu Deus! Meu Deus! Tanto tempo faz que não pronuncio o Teu nome. Eu era fiel a Ti. Sempre aos domingos ia à Igreja com a minha mãe. Eu freqüentava os cultos luteranos, ouvia a Tua palavra, seguia os Teus preceitos. Onde Te abandonei? Foi a guerra que me embruteceu. Ela embotou a minha consciência, meu coração. Só endurecendo o coração e cegando os olhos eu pude prosseguir lutando e matando, mesmo aos meus patrícios. *Matei aqueles que estavam sob a minha responsabilidade, não com tiros, mas de fome, de frio, sujeitando-os às intempéries, favorecendo-lhes as doenças, colocando-os na linha de frente do inimigo, apesar de saber que seriam esfacelados. Quantos jovens eu vi tombar.*

— Bom dia, general. Estou de volta para concluirmos a nossa conversa. Como vê, não existe mais nenhum motivo para permanecer em batalha. A solidão impera nessa inútil fortaleza. Não há mais tropas, armas, prisioneiros, ninguém mais para defender ou atacar. Se Krall foi um traidor, deixemos que seja julgado por esse Deus a quem o senhor se justificava há pouco.

— *Eu não tenho mais forças nem condições de comandar sequer a mim mesmo. Inútil pedir aos meus companheiros que me sigam nessa rendição, pois eles não me atenderiam. Para eles eu enlouqueci. O cansaço e o desespero me derrubaram. Minha luta foi em vão. Agora que fui derrotado, vejo com mais clareza a minha ignorância. Éramos todos viajantes desse barco. Sofremos as mesmas misérias. Passamos pelas mesmas desgraças. Como não percebi durante todo esse tempo que esse calhorda era tão infeliz quanto eu? Que ele também estava sendo castigado pelos mesmos mecanismos que me feria? A verdade é que todos fomos vítimas das mesmas ilusões. Eu me dediquei a essa perseguição inútil e agora estou no fim. Ignoro a minha sorte, mas seja qual for, acredito que será melhor do que essa agonia, essa incerteza, essas lembranças que não dão trégua a minha mente.*

— O senhor gostaria de dormir?

— *Aceito qualquer coisa que me aquiete a mente. Qualquer coisa ou lugar que me livre desse castigo.*

— Vamos lhe ministrar um calmante e o senhor dormirá em paz.

E assim aconteceu. Tomei o seu braço (da médium), e

fiz um gesto de quem aplica com muita leveza um calmante em sua veia. Na verdade, apenas pressionei um pouco seu braço, sugestionando-o, para que dormisse sob o efeito do passe, o verdadeiro sedativo, que ministrávamos com a ajuda dos nossos instrutores. Sem demora ele adormeceu e foi retirado pela equipe espiritual.

Após breve instante, o segundo oficial, sem perceber que já estava acoplado à médium, tornou audível para mim a sua conversa com o terceiro.

— E agora Hans, que vamos fazer? Esse maluco enlouqueceu de vez e se deixou levar. Estamos sem um plano, uma saída. Parece que nada podemos fazer contra eles. Vamos ser capturados a qualquer instante.

— Bom dia, amigos. Você falou Hans?

— Sim. É o nome do meu companheiro. Por que está interessado em nossos nomes?

— Conheci um Hans que era um ótimo contador de histórias infantis. Pensei que talvez estivesse diante de um amigo.

— Esse cenário está mais para histórias de terror e Hans não é quem você procura.

— Não tem importância. Posso ajudá-los assim mesmo. Meu nome é Luiz, e o seu?

— Randofh. Mas como pretende nos ajudar?

Como ele fazia forte pressão em uma região das costas, julguei que estava ferido. Ofereci-me então para tratar do seu ferimento.

— Como foi ferido?

— Levei um tiro nas costas há muito tempo. Isso me incomoda muito, principalmente quando me desloco.

— Seu companheiro está bem?

— Ninguém está bem num inferno como este. Estamos apreensivos quanto ao que pode nos acontecer se cairmos prisioneiros. Nosso general nos abandonou. Que general é esse

que abandona seus subordinados?
— Vi o que aconteceu. Pelo que notei, ele estava confuso, doente, cansado de uma luta inglória.
— *Chegamos tão perto de conseguir o que queríamos...*
— Ouviram o que o general disse. Krall também foi vítima da estupidez da guerra. Todos vocês estavam embrutecidos pela violência e não raciocinavam com lucidez. A guerra é um empreendimento sem lucros para nenhum dos lados. Agora vocês poderão descansar.
— *Para onde vai nos levar?*
— Para o recomeço com Jesus. Uma vida nova, sem sangue nem ódio. Daqui para adiante são nossos hóspedes.
— *Mas quem vai nos querer se somos assassinos?*
— Todos nós cometemos erros. Além do mais, Jesus afirmou ter vindo à Terra por causa dos doentes e dos pecadores, pois os sãos não necessitavam de médicos.

Ainda restava um combatente na fortaleza. Ciente de que estávamos diante de um caso terminal de desobsessão, solicitei da médium que o abordasse de imediato.
— Bom dia, Hans. Finalmente chegamos ao final desse drama sofrido para todos nós.
— *Já estávamos cansados dele. Precisamos ter a dignidade de reconhecer a hora da derrota. Sinto uma enorme solidão acompanhada de um sentimento de inutilidade. Tenho a sensação de que perdi algo irrecuperável. Até parece que tenho toneladas de pedras sobre mim. Randofh sumiu...*
— Tivemos que levá-lo a um hospital. Seu ferimento o fazia sofrer muito.
— *Nossos ferimentos não podem ser tratados em hospitais, pois são da alma. São lembranças que não cicatrizam, pesadelos que não adormecem.*
— No hospital a que ele foi levado existem técnicas de substituição de imagens e de pensamentos cristalizados.

Da mente enferma são retirados pensamentos deprimentes, deletados, temporariamente, pensamentos dolorosos, e aflorados outros, de épocas em que o paciente foi feliz, permanecendo ele como se vivesse novamente aqueles momentos que deram origem a um estado de felicidade de ontem.

— *Estou me sentindo pequeno. O que é isso?*
— Está com sono?
— *Não, estou alerta. Mas me sinto diminuir como se voltasse a ser criança novamente. Que está acontecendo comigo? Veja! Minhas calças estão curtas, meu corpo voltou a ter oito anos.*
— Lembra-se de sua mãe?
— *Sim. Ela costumava lavar as minhas mãos quando eu retornava da escola. Enquanto fazia isso dizia que eu não sabia como lavá-las direito. Ela está fazendo isso agora. Minhas unhas estão ficando limpas e brilhantes. Ela é linda! Como minha mãe é linda!*

O Espírito levado ao tempo da infância comportava-se como criança, mostrando as unhas, rindo bastante e fazendo elogios à sua mãe.

— Como é o nome da sua mãe?
— *Nayara. É linda! Brincamos de bola, peteca... Agora estou ainda menor. Ainda não aprendi a caminhar. Estou engatinhando. Minha mãe abre os braços e diz: Anda, Hans, você consegue! Eu quero ficar nos braços da minha mãe. É seguro, quentinho. Quero ficar parado aqui. Por favor, não me tire dos braços da minha mãe! Mãe! Não me deixe mais...*

Os instrutores o levaram através da hipnose, de técnicas de regressão de memória, para um passado em que ele fora feliz, lá o deixando por algum tempo, até que tivesse forças para enfrentar a realidade que o aguardava. Os bons Espíritos não são carrascos impiedosos que combatem o mal com a violência, a fim de demonstrarem a superioridade das leis divinas. Proporcionam ao infrator, Espírito enfermo, todo o bem-estar que a sua desdita reclama, considerando que a misericórdia é bálsamo anestesiante para todas as feridas. Não se trata de ceder privilégios a quem não os mereça ou de tomar partidarismo. Seguem a lei do mestre a quem servem, Jesus, que aconselhou que amássemos indistintamente a nossos irmãos, pois só o amor sem jaça é capaz de modificar os corações empedernidos. A justiça não dispensa a misericórdia nem a caridade exclui a ternura, armas poderosas na penetração de corações chumbados pelo ódio e pela vingança.

Aquele homem acostumado a lançar bombas e baionetas contra seus irmãos, calou-se enternecido no colo materno, substituindo as carantonhas de ódio por sorrisos leves como flocos de lã. *Se Deus se preocupa em vestir de tal forma as ervas do campo, que existem hoje e que amanhã serão lançadas ao fogo, quanto maior será a sua preocupação em vestir-vos, ó homem de pouca fé!* Foi o que me veio à mente, escutando seus soluços.

Sussurrando ao ouvido

Já na parte final da reunião, um Espírito cuja meiguice em suas palavras nos encantou, identificando-se como irmã de Krall em vidas passadas, tomou-o no colo e sussurrou aos seus ouvidos enquanto acariciava seus cabelos.

— Hoje é dia de Páscoa. *Um desses dias simbólicos criados para homenagear ou celebrar a passagem de Jesus por este planeta. É, portanto, um dia para refletirmos sobre os ensinamentos que ele nos deixou, sendo o principal deles, o amor.*

O amor é o resumo dos ensinamentos do nosso mestre. É a semente que faz germinar todas as emoções nobres da alma. É do amor que nasce a humildade, a paciência, a doçura, a abnegação e tantos outros sentimentos que nos santificam a caminhada, mesmo entre abrolhos e lágrimas.

Aproveitemos esta Páscoa e abramos uma pequena passagem em nosso coração para que nele penetrem os bons sentimentos, ao mesmo tempo, deixemos que escorram para fora, as nossas mágoas e ressentimentos. Que não caia a noite sem que tenhamos praticado uma boa ação em nome de Jesus.

Façamos um esforço para retirar do papel as lições evangélicas e colocá-las como prática de nossos momentos. Não falemos tanto de amor, vivamos o amor. Não mencionemos tanto o perdão, pratiquemos o perdão. Hoje é um dia de reflexões e de mudanças.

Irmãos de ideal. Amemos independentemente de necessidade ou circunstância. Apenas amemos, sem impor condições ou imposições. Lembremo-nos de que não serão as palavras nem as ideologias que mudarão o mundo, mas os gestos de amor. Afastando do nosso convívio os sofredores estaremos a caminho de uma paz de cemitério. Façamos da caridade o nosso gesto e da doçura a nossa palavra para merecermos a paz de Jesus.

Enquanto ela acariciava o argentino, ele recolhia suas palavras pelos delicados condutos da intuição e sentia suas vibrações amorosas lhe acalmarem o Espírito. Já não mostrava o olhar apático ou alucinado de outras ocasiões nem tinha os cabelos em desalinho como semanas atrás. Estava melancólico, mas confiante, foi o diagnóstico que nossos instrutores nos passaram.

APROFUNDANDO DETALHES

Sabíamos que a guerra estava terminada. Todavia, certos detalhes precisavam ser aprofundados para a nossa completa compreensão naquele caso. Por isso marcamos uma última reunião com esse objetivo.

Há mais de vinte anos, desde que decidi iniciar as reuniões de desobsessão com um minuto dedicado aos suicidas, ocasião em que oramos o salmo 23, poema-oração escolhido como mensagem de esperança para eles, que assim procedo. Todavia, naquela manhã, julguei desnecessária essa oração por ser uma reunião de estudos e de estreitamento de amizade junto aos amigos espirituais.

Não fiz a oração, mais fiquei me questionando intimamente e até me cobrando uma explicação.

Como se passaram cinco longos minutos de silêncio, sem qualquer traço de comunicação, uma das médiuns me lembrou: – *você não fez a oração tradicional que abre as reuniões.*

Então resolvi fazê-la com a finalidade de apaziguar a minha consciência que, de alguma forma, me pressionava para assim agir. Enquanto fazia a prece todos os videntes perceberam que a fortaleza estava sendo reformada. As paredes, antes envelhecidas e corroídas pelo tempo, sob uma chuva luminosa adquiriram brilho, harmonia e cores. Foram avistados jardins onde anteriormente grassavam ervas daninhas. Os prisioneiros, outrora obrigados ao trabalho pela baioneta do general, agora seriam treinados para a nova finalidade, abrigar doentes e recuperá-los. A fortaleza teve seu nome relacionado ao ânimo, a saúde e a paz. Fortaleza da Paz seria o seu novo título.

Como nossos instrutores programaram aquela transformação para o momento da oração, confiando que eu a faria, houve um pequeno retardo nessa providência. O senhor é o meu pastor, iniciei. Nada nos faltará, prosseguiram todos na fortaleza. Claro que se eu não fizesse aquela prece tudo seria efetuado conforme a vontade dos instrutores, mas cito este fato, para mostrar como nossos mestres, confiando no estilo do doutrinador, já firmado e comprovado pelo uso, se programam em confiança nele, e este, às vezes, atrapalha.

Esperávamos que nessa reunião viessem em nosso socorro, como de costume, os amigos espirituais, sempre prestimosos e preocupados com a nossa aprendizagem. Qual não foi a surpresa, quando, após a prece inicial, o general apresentou-se a contragosto, dizendo-se constrangido por ter que responder as nossas indagações.

— *Estou aqui, não por vontade própria, mas atendendo a um pedido irrecusável desse senhor que possui uma mente mais poderosa do que a minha. Sinto-me sob um comando que me disciplina ações e palavras e não me permite executar vontade. Sei que estou constrangido, embora não sinta o incômodo da violência no exercício desse constrangimento. O que vocês querem saber?*

— O irmão pode se identificar?

— Sou aquele que você chama de general. Se me permite não citar meu verdadeiro nome, continue tratando-me assim. Como sabe, eu dirigia a fortaleza agora ocupada por vocês.

— O senhor poderia escrever o nome e a patente de Krall?

— Eu fui o seu comandante. Mas por que quer saber detalhes da nossa vida?

— Para preencher lacunas de uma obra que estou escrevendo sobre o drama que vivenciaram.

— Nós tínhamos poderes iguais. Ele era general e devido a sua astúcia e crueldade passou a ter maior influência do que eu. Mas nunca ultrapassou essa patente que desonrou com o seu procedimento. Seu nome era Krall Mölherer

— Durante o assédio à casa do argentino, em existência anterior chamado de general Krall, houve um cerco feito por redes, em dois quarteirões, e em seguida uma grande onda, à semelhança de um tsunami, levou de roldão quase toda a população que o acossava. O senhor conhece essa técnica de combate?

— Sim, embora não disponha de meios para empregá-la. *Esses senhores que têm mentes mais poderosas do que as nossas, direcionando-as, lançaram jatos de energia, fazendo parecer aos olhos do vulgo e dos ignorantes sobre o assunto, ser uma grande onda de mar, embora não houvesse água. Eles se reuniram, acumularam grande quantidade de energia naquela região e a impulsionaram contra nós. Eram apenas ondas energéticas que levaram os mais fracos e os lançaram contra as redes que os cercavam.*

— O que o senhor quer dizer com os mais fracos?

— *Que os mais fortes escaparam àquela investida. Os fracos são os que desconhecem a realidade do fenômeno. Os fortes são os que podem, igualmente promover uma reação inversa, movimentar correntes contrárias não tão possantes, mas o suficiente para se safarem. Muitos dos que estavam ali aglutinados nada tinham* a ver com a nossa vingança. Eram colocados junto ao traidor para que o atormentassem. Eram anônimos, desconhecidos que lutaram na guerra e que, aqui chegando, foram capturados por nós e postos a nosso comando. Estes foram arrastados e libertos do nosso jugo.

— E quanto aos feiticeiros que estavam trabalhando com os senhores?

— Não temos relação de amizade com eles. Apenas aproveitamos o auxílio de alguns que tinham um acerto de contas com ele. Envolvimento deles com o traidor devido a casos mal resolvidos no passado. É o que penso.

— Existia uma espécie de portal ligando a região onde os feiticeiros habitavam e a casa do argentino. Através dessa espécie de túnel eles se deslocavam com imensa rapidez e mantinham acesso à vítima. O senhor poderia explicar como conseguiam fazer isso?

— O que posso revelar é que nosso inimigo encarnado, através dos seus erros e compromissos com a Lei, acionou inconscientemente, não digo um portal, mas uma fresta numa dimensão diferente da sua. Ele provocou com a sua atuação mental desastrada uma espécie de rachadura na dimensão habitada pelos feiticeiros que, por seu lado, com o conhecimento do ocultismo, da manipulação de energias e pela união de suas forças, conseguiram se evadir da dimensão — prisão em que se encontravam.

— Desculpe, mas não entendi completamente a explicação. O senhor poderia tecer mais considerações a respeito?

— Existem regiões no astral que são inexpugnáveis, ou seja, não permitem que ninguém que a habite saia do seu interior. Todavia, um encarnado pode provocar uma rachadura nela, pela sintonia gerada entre a sua mente e as que lá habitam. Essa sintonia pode ser a culpa, o medo, o ódio ou todos esses sentimentos juntos. Tudo quanto posso dizer é que Krall, com seus débitos morais foi a causa da rachadura no campo magnético *que aprisionava os feiticeiros.*

— Mas os Espíritos responsáveis pela vigilância desse campo não fizeram nada para impedir esse evento?

— *Bem se vê que você é um neófito nessas questões. Às vezes os próprios superiores "incentivam" alguém para que inicie esse processo, embora esse alguém, ao fazê-lo, proceda de maneira inconsciente, resultando disso o reencontro entre velhos inimigos que precisam de reajuste. Por outro lado, podem eles mesmos, os superiores, promover a abertura dessa fresta para que outros penetrem nessa região com a função de auxiliar a quem lá dentro precisa de ajuda e tem merecimento para recebê-la.*

— Como fazem isso?

— *Já vi que vocês só conhecem o que os Espíritos bonzinhos revelam. Há regiões nas zonas umbralinas protegidas por barreiras invisíveis, mas reais, que funcionam como verdadeiras prisões para infratores da lei. À proporção que os que lá se encontram se melhoram, são retirados pelos superiores, que forçam uma passagem de fora para dentro. O que estou lhe dizendo não é conhecimento da minha mente. O senhor sabe que eu estou sendo teleguiado e dominado por outro Espírito. Esse Espírito que me domina é que introduziu esses conhecimentos na minha mente para que eu os transmitisse. Utilizando o vocabulário dos senhores, fui um intermediário nessa resposta. O Espírito superior fica a uma certa distância, se concentra em abrir uma porta no campo magnético, enquanto outros, também caridosos, entram para o resgate de quem querem auxiliar.*

— Não sei se os leitores compreenderão o que disse. Já que está sob o comando de outra mente que o domina, certamente mais sábia, não poderia aprofundar mais a explicação?

— *Como essa outra mente tem paciência, o que não é bem uma característica minha, prossigo sob a sua orientação. Da mesma maneira que o pensamento de um encarnado, ao fazer uma oração carregada de bons sentimentos, de fé e de convicção da* bondade divina, consegue penetrar nas camadas superiores onde habitam aqueles que têm luz, também, agindo contrariamente, estabelecem contato com aqueles que têm a escuridão no Espírito. Excetuando-se essa forma de provocar fissuras no campo magnético que envolve tais regiões, esses campos ou barreiras invisíveis só podem ser trespassados pelos bons Espíritos. É isso que eles sempre fazem. Freqüentemente estão a observar esses antros a fim de retirar os Espíritos que já merecem alforria. Quando promovem a rachadura, logo que realizam o resgate, eles a fecham.

— O senhor informou que Himmler estava nessa fortaleza. Isso é verdade?

— Sim. Ele e vários outros relacionados à guerra. Você se assustaria se eu pudesse revelar a lista dos que estavam conosco. Posso saber a relevância dessa pergunta?

— Pois não. Tanto Himmler quanto o senhor se suicidaram para escapar da prisão que os aguardava. Como conseguiram, na condição de suicidas, não ser atraídos para uma das regiões chamadas de vale dos suicidas, igualmente protegida por esses campos aos quais o senhor se referiu? Como conservaram a lucidez, reagruparam a tropa e construíram a fortaleza?

— Realmente existem esses vales que são comandados por mentes superiores e dotadas de extrema piedade para com os doentes. Mas, aqueles que têm vontade forte, unindo-se a outros igualmente persistentes nos seus objetivos, podem adiar esse estado de alienação que o suicídio provoca. Nossos objetivos se sobrepuseram às nossas dores, a essa demência da qual você fala. Unidos, formamos cidades, fortalezas, comandos, pois o pensamento é poderoso para quem sabe usá-lo. A mente que me domina e diz coisas que eu mesmo não sei, informa que nossas construções têm o padrão que desejarmos. Os bons dotam suas criações de beleza, limpeza, harmonia, e os equivocados têm construções agressivas, com armas, masmorras, degradação. Se o senhor me permite, eu não gostaria de permanecer mais neste interrogatório.

— Se o irmão não mais deseja cooperar, claro que não o forçaremos a isso.

— *Não estou falando com você, mas com o senhor que me trouxe aqui.*

— Desculpe, não percebi que estava falando com outra pessoa. Pode dizer o nome dela, por favor?

— *Ele apenas diz que foi o médico dos pobres.*

— O senhor está em excelentes mãos. Se alguém tem amor suficiente para tomá-lo aos cuidados como se faz com um filho, é ele.

— *Sei que terei de percorrer nova trajetória e que ela será muito dolorosa para mim. Meus conceitos e valores estão muito enraizados em minha personalidade. Reconheço-me insensível e frio diante da dor alheia. Se um dia o médico dos pobres quiser ajudar-me terá que ter muita paciência para com a minha inferioridade. Estou aqui por sua vontade. Uma vontade tão poderosa que me faz curvar a cabeça mesmo que eu não queira. Julguei que um poder mental assim não existisse. Só acreditava no poder da força. Há uma luta infernal dentro de mim entre o homem que acredita no poder da força e o homem que agora conhece o poder do amor. Com a permissão do médico dos pobres eu me retiro.*

Dr. Bezerra de Menezes

Para encerrar a manhã e deixar uma sensação de paz inesquecível em nossos corações, o doutor Bezerra de Menezes veio trazer a sua palavra de esperança a todos nós, Espíritos distantes da perfeição, mas alegres no trabalho do amor.

— Meus amados irmãos. Que a paz de Nosso Senhor Jesus Cristo esteja em nossos corações. Viemos até vocês, caros irmãos, para lembrar que a vida é uma constante renovação. A vida alimenta-se de liberdade. Precisamos entender que o amor é a força sublime que nos liberta dos grilhões da ignorância e nos faz alados na estrada evolutiva.

O maior poder que um homem pode possuir lhe é dado pelo amor. Mais poderoso, é quem mais ama. A ascensão do ser tem caminho único, o amor. Amor que pode ser sinônimo de abnegação, de tolerância, de paciência, de perdão. O amor é o manto que agasalha do frio, o alimento que mata a fome, o lenço que remove a lágrima.

Aquele que ama, olha o seu irmão como se ali estivesse a

presença viva de Deus. Os Espíritos que estavam cativos e que vieram a esta casa, hoje estão libertos pela força do amor. O amor, meus filhos, brota em nossos corações e tem sede de doar sem receber.

O amor que Francisco de Assis sentia pelas mais ínfimas criaturas até mesmo por uma formiga, ainda hoje nos enternece a alma em relembrá-lo.

Aqui estou para dizer da minha alegria por trazermos para o nosso lado pessoas que um dia se equivocaram e que usaram de violência. A violência é apenas um momento impensado na vida eterna, pois a trajetória do ser é o amor.

Que o grupo continue com os objetivos elevados, sempre em busca do aprimoramento interior. Meus amados. Reflitam no Evangelho de hoje (Advento do Espírito de Verdade). O quanto ele foi providencial para os Espíritos que aqui estavam e o ouviram. Muitos verteram lágrimas de emoção com o reencontro com sentimentos que mantinham adormecidos.

Quanta beleza jorrou dos céus em cada palavra pronunciada, em cada oração sentida. Devemos trabalhar nossos pensamentos, nossas preocupações demasiadas, para que eles não ocupem o espaço de nossas orações. Devemos confiar em Jesus e repetir sempre: Mestre Jesus, eu confio em vós. Quanto poder tem essa frase quando dita pelo coração.

Não estou aqui a dizer que se abstenham dos problemas, mas que as preocupações excessivas formam ao redor de vós uma barreira que impede a chegada dos amigos portadores de consolações e de ânimo.

Limpemos os corações das mágoas, higienizemos as mentes com a oração e acreditemos que o poder da fé ajuda na remoção dos obstáculos, ao mesmo tempo em que enobrece os sentimentos.

Meus filhos do coração. Eu desejo a paz a todos. Que o amor, esse sentimento divino, habite seus corações por toda a eternidade.

Deus nos abençoe hoje e sempre.

Ainda embevecidos com a vibração suave que invadira a nossa alma, todas as videntes do grupo disseram estar vendo uma grande faixa estendida na sala, iluminada e alargada pelos amigos espirituais, com as palavras: FOI TUDO POR AMOR.

Fechamos a porta da nossa oficina de trabalho, situando o olhar no futuro, em que vimos o argentino formando um grupo de estudos do Espiritismo, embrião de um futuro centro espírita. Seria ainda uma intuição passada pelo doutor Bezerra de Menezes?

ANEXOS

O PROJETO VEK
Projeto VEK: A sentinela dos aflitos
Caixa Postal 52.800
Cep: 60151-970 – Fortaleza — Ceará — Brasil
E-mail: vek@vek.org.br – Home page: www.vek.org.br

Em uma abençoada manhã de domingo do ano de 1986, em Fortaleza, mais precisamente no Centro Espírita Círculo de Renovação Espiritual, meu amigo Alexandre Diógenes e eu participávamos de um curso sobre Espiritismo ministrado através de dinâmicas de grupo com conteúdo literário registrado em xerox, quando nos abordou a idéia de preparar fascículos contendo a síntese dos ensinamentos a ser ministrados naquele curso para que fossem adquiridos pelos participantes, por um preço mínimo.

Alexandre, que sempre teve o ideal de propagar o Espiritismo aos quatro pontos cardeais do planeta, logo percebeu que aquela idéia poderia ser expandida e, quem

sabe, um dia, vir a tornar-se uma fonte de conhecimentos espíritas para pessoas que morassem longe de um centro espírita, ou mesmo aquelas que, simpatizando com a Doutrina, por um motivo peculiar ou íntimo se vissem impedidas de um encontro com essa abençoada oficina de trabalho. Determinados momentos na vida nos impressionam de tal modo que se grudam a nossa mente, tatuando-a, a semelhança do ferro em brasa que castiga o couro dos animais para que não se extraviem. Estávamos diante de um deles e Alexandre intimamente o reconheceu. A partir daquele dia nos irmanamos naquela idéia de propagar o Espiritismo por correspondência, passando a formar uma equipe que nos apoiasse em muitos detalhes que surgiam a cada instante.
 Alexandre, como todos nós, tem bons motivos para amar o Espiritismo. Seu encontro com a Doutrina se fez através de uma enfermidade alérgica curada pelo Doutor Bezerra de Menezes, ao lhe ministrar uma homeopatia livrando-o do incômodo contratempo. Sob o pretexto de gastar com aquela idéia que não nos largava, apenas o dinheiro que queimara com cigarros, pois deixara de fumar fazia alguns anos, hábito adquirido na selva para espantar mosquitos quando trabalhava como engenheiro, abrindo estradas na mata, passou a custear as despesas que surgiam enquanto os fervilhantes pensamentos escorriam da nossa mente para nossas mãos e destas para o papel.
 A primeira idéia que estruturamos foi a de um curso por correspondência em vinte lições. Ao fazermos os cálculos com a finalidade de avaliar os custos, notamos que esse número era demasiado, prevalecendo a convicção de que, se conseguíssemos sintetizar, qual fizera Kardec em seu livro, O Que é o Espiritismo, um curso básico ao nível de primeira informação deixando o aprendiz motivado para prosseguir seus estudos, atingiríamos nosso objetivo.

Nesse período, chamado de *gestação* do curso, em que escrevemos e pesquisamos feito loucos seus fundamentos, desdobramentos e divulgação, também elaboramos cadernos auxiliares para que o estudante pudesse aprofundar seus conhecimentos: *O Espiritismo ontem, O Espiritismo hoje* e um outro intitulado de *Biografias* no qual constava a vida e a obra de pesquisadores, médiuns e grandes figuras espíritas; foram as principais obras que registramos em papel.

Como precisávamos de um nome para o projeto e sendo Alexandre um simpatizante do Esperanto, logo conseguiu nos convencer de que Vek, radical esperantista que significa *despertar*, seria o ideal para o que nos propúnhamos.

Em 1990 nos reunimos para espalhar as sementes que clamavam por solo fértil em nossas mãos de lavradores. Incomodava-nos uma réstia de incerteza, pois outros cursos por correspondência tinham iniciado um bom trabalho anteriormente, mas seus objetivos haviam sido frustrados. Resolvemos dividir a empreitada em 3 fases. A primeira seria chamada de *experimental* e abrangeria os anos de 1991 a 1993. Dividimos o mapa do Brasil em regiões geográficas, registrando em cada uma centros espíritas que pudessem divulgar para seus freqüentadores e para outros centros da vizinhança o nosso projeto. Era o dia 7 de março de 1991, considerado oficialmente o início da nossa atividade por correspondência.

Para incentivar a matrícula no curso, logicamente sem fins lucrativos, criamos bolsas de estudos gratuitas integrais e outras parciais. Estas para estudantes pobres e aquelas para presidiários, enfermos e outras categorias excluídas pela sociedade. O centro espírita que recebia as referidas bolsas fazia a distribuição conforme critérios previamente estabelecidos.

No período correspondente aos anos 1994 a

1996 implantamos a fase estrutural marcada pelo aperfeiçoamento das rotinas de trabalho, revisão da literatura produzida e outras providências necessárias, visando criar e ampliar uma estrutura que servisse de suporte a uma ampla expansão. Nesse período, o conteúdo do curso foi traduzido para outros idiomas e concretizada a sua veiculação através do computador. Ao final do triênio estávamos com o curso em quatro idiomas: português, inglês, espanhol e esperanto.

A partir de 1997 entramos na fase de expansão. Lançamos um site na Internet no dia do sexto aniversário do Vek. Foi uma pequena homenagem que prestamos ao doutor Bezerra de Menezes, patrono do curso, pelo muito que nos tem ajudado. Esse fato contribuiu para o aumento do número de matrículas e de consultas ao material ali exposto. A partir de então, alunos do curso ou qualquer pessoa interessada no Espiritismo, de qualquer parte do mundo poderia dispor de professores sempre a postos e dispostos a esclarecer qualquer dúvida sobre nossas lições, bem como fornecer esclarecimentos sobre temas espíritas ou correlatos. Nesse particular, o Vek jamais dormiu ou tirou férias.

Hoje o Projeto Vek já está traduzido para cinco idiomas, pois adicionamos o francês aos já citados, o que representa os idiomas oficiais que a ONU emprega para o mundo ocidental.

Todavia, sentinelas também necessitam de ajuda, principalmente quando a área que devem velar se amplia e se torna mais exigente a cada dia. Em sua missão de continuar auxiliando aos necessitados do conhecimento espírita, nosso projeto, já vitorioso pelo muito que fez e faz, convida os trabalhadores espíritas de qualquer parte do mundo para auxiliá-lo a fim de que mais e mais irmãos que buscam a luz da doutrina consoladora dos Espíritos a encontrem.

Em nossos atuais planos consta a implementação das

DESOBSESSÃO – A terapia dos imortais 165

seguintes tarefas:

- Curso interativo em livro (pretendemos tornar o Vek um curso interativo)
- Curso interativo em CD
- Projeto Vekpédia (enciclopédia livre do Espiritismo)
- Projeto da biblioteca do Vek
- Lançamento da página mundial em oito idiomas (adicionar aos cinco já existentes, o chinês, o russo e o árabe completando os seis idiomas oficiais da ONU).

Ao organizarmos um sumário relacionando o número de habitantes que falam determinado idioma com o número de internautas existente nos países que o utilizam (dados publicados pela ONU em 2005), chegamos ao seguinte resultado sobre a distribuição do Espiritismo no mundo:

Quadro I

País (idioma português)	Habitantes (milhões)	Internautas (milhares)
Angola	14,1	41,5
Brasil	180,7	14.860,8
Cabo Verde	0,5	22,2
Guiné-Bissau	1,5	22,3
Moçambique	19,2	53,2
Portugal	10,1	1.954,5
São Tomé e Príncipe	0,2	19,7
Total	226,3	16.974,2

Quadro II

País (idioma chinês)	Habitantes (milhões)	Internautas (milhares)
China	1.113,3	70.416,2
Taiwan (Formosa)	22,7	8.854,8
Total	1.136,0	79.271,1

Quadro III

País (idioma inglês)	Habitantes (milhões)	Internautas (milhares)
África do Sul	45,2	3.082,6
Antígua e Barbuda	0,1	12,8
Austrália	19,9	9.586,6
Bahamas	0,3	79,5
Barbados	0,3	111,2
Belize	0,3	32,7
Botsuana	1,8	62,8
Canadá	31,7	16.256,7
Cingapura	4,3	2.168,7
Dominica	0,1	16,0
Eritréia	4,3	9,8
Estados Unidos	297,0	163.789,9
Gâmbia	1,5	28,2
Gana	21,4	167,8
Granada	0,1	14,2
Ilhas Marshall	0,1	2,6
Ilhas Salomão	0,5	2,5
Irlanda	4,0	1.252,1
Jamaica	2,7	616,8
Malauí	12,3	42,2
Malta	0,4	121,2
Maurício	1,2	147,4
Nigéria	127,1	772,8
Nova Zelândia	3,9	2.052,3
Papua Nova Guiné	5,8	79,6
Reino Unido	59,4	5.132,1
Santa Lúcia	0,2	16,5
São Vicente e Granadinas	0,1	6,0
Serra Leoa	5,2	8,4
Sri Lanka	19,2	202,8
Suazilândia	1,1	28,4
Trinidad e Tobago	1,3	137,8
Uganda	26,7	130,3
Zâmbia	10,9	66,4
Zimbábue	12,9	554,4
Total	**723,3**	**226.792,1**

Quadro IV

País (idioma espanhol)	Habitantes (milhões)	Internautas (milhares)
Argentina	39,9	4.469,6
Bolívia	9,0	293,1
Chile	16,0	3.800,6
Colômbia	44,9	2.801,8
Costa Rica	4,3	830,3
Cuba	11,3	2.182,0
El Salvador	6,6	557,1
Equador	13,2	578,3
Espanha	41,1	9.827,4
Guatemala	12,7	423,4
Guiné Equatorial	0,5	1,8
Honduras	7,1	178,7
México	104,9	10.330,5
Nicarágua	5,6	93,9
Panamá	3,2	132,4
Paraguai	6,0	121,4
Peru	27,6	2.868,5
República Dominicana	8,9	569,5
Uruguai	3,4	404,6
Venezuela	26,2	1.324,7
Total	**392,4**	**41.789,6**

Quadro V

País (idioma francês)	Habitantes (milhões)	Internautas (milhares)
Bélgica	10,3	3.381,7
Benin	6,9	68,7
Burkina Fasso	13,4	52,5
Burundi	7,1	14,0
Camarões	16,3	61,8
Chade	8,9	17,0
Congo	3,8	16,3
Costa do Marfim	16,9	92,3
Djibuti	0,7	6,8
França	60,4	22.082,8
Gabão	1,4	36,7
Guiné	8,6	44,4
Haiti	8,4	81,0
Madagascar	17,9	77,3
Mali	13,4	31,5
Malta	0,4	121,2
Níger	12,4	15,9
República Centro-Africana	3,9	4,9
República Dem. Do Congo	54,4	51,7
Ruanda	8,5	26,0
Senegal	10,3	223,7
Togo	5,0	210,0
Total	**289,3**	**26.718,2**

Quadro VI

País (idioma árabe)	Habitantes (milhões)	Internautas (milhares)
Arábia Saudita	24,9	1.657,1
Argélia	32,3	516,1
Barein	0,7	197,3
Catar	0,6	118,4
Egito	73,4	2.886,8
Emirados Árabes Unidos	3,1	851,8
Iêmen	20,7	106,1
Jordânia	5,6	466,9
Kuweit	2,6	600,1
Líbano	3,7	433,3
Marrocos	31,1	826,0
Mauritânia	3,0	11,1
Omã	2,9	205,6
Síria	18,2	234,9
Sudão	34,3	309,0
Tunísia	9,9	630,6
Total	**267,0**	**10.051,9**

DESOBSESSÃO – A terapia dos imortais 169

Quadro VII

País (idioma russo)	Habitantes (milhões)	Internautas (milhares)
Federação Russa	142,4	5.882,4

Quadro VIII

País (idiomas)	Habitantes (milhões)	Internautas (milhares)
Português	226,3	1. 697,4
Inglês	723,3	226.792,1
Espanhol	392,4	4. 179,0
Francês	289,3	671,8
Chinês	1.136,0	79. 271,1
Russo	142,4	5. 828,4
Árabe	267,0	10. 051,9
Total	3. 176,7	407. 478,5

Segundo os quadros acima o Vek teria uma margem de deslocamento entre 407 milhões de internautas para uma população de 3 bilhões e 200 milhões de habitantes. Quanto à distribuição do Espiritismo no mundo o quadro é bem modesto:

75% dos espíritas existentes no planeta encontram-se no Brasil; 20% nos países latinos; 5% em outros países do Ocidente e 0% nos países do Oriente. Quem sabe, com a implantação de uma página mundial do projeto Vek, esse quadro não venha a ser alterado?

O curso interativo terá o mesmo material do curso por correspondência, contudo, utilizando a metodologia interativa indicada para autodidatas.

A Vekpédia pretende ser uma enciclopédia de construção aberta, baseada na continuidade do glossário de 13 mil verbetes já catalogados pelo Projeto Vek e na inclusão de artigos científicos, filosóficos e de cunho moral que comprovadamente tenham utilidade para a pesquisa e o engrandecimento da Doutrina Espírita.

A biblioteca do Vek terá como base a exposição de livros e revistas espíritas em vários idiomas.

Para um projeto grandioso e arrojado como este necessitamos da ajuda de voluntários de todas as regiões do planeta que possam se unir em torno desse ideal fraterno. Espíritas que gostam de *navegar* na Internet encontrarão nesse projeto uma oportunidade de ser útil, de adquirir conhecimentos e de ajudar a quem necessita dos postulados espíritas. É a prática da caridade digital. Sem querer fazer sensacionalismo, apelamos: Seja um *vekiano*; uma sentinela para os que necessitam do Espiritismo; pratique a caridade, mesmo diante do seu computador; leve a quem está distante e isolado, o nosso centro espírita ambulante; seja um consolador que jamais dorme.

Esse pequeno farol ao qual chamamos de Vek continua trazendo inúmeras alegrias. Em um mundo em que pessoas depressivas, aflitas, perdidas em crises existenciais, buscam respostas para suas aflições, ele se apresenta como a sentinela dos aflitos. A dura luta pela sobrevivência que não permite pausa para cultivar a meditação nem a saudável visita a um templo para orar e aprender um pouco sobre a vida espiritual tem sido a causa de inúmeras amarguras na caminhada dos terráqueos. Nota-se um crescente número de pessoas sedentas de conhecimentos espirituais e de respostas às perguntas básicas que nos inquietam: de onde venho, por que estou aqui, para onde vou depois da morte? O Vek tem sido uma fonte confiável de tais respostas, atendendo a todos sem jamais perguntar a que religião, classe social ou país pertencem. Para nós só existe uma raça, a humana; um país, a Terra; um pai, Deus.

A forma dinâmica e responsável através da qual o Espiritismo tem correspondido à busca de tantos anseios populares no campo espiritual o tem transformado em um porto seguro para quem deseja uma compreensão mais transcendental da vida, a confirmação da paternidade divina isenta de parcialidade, um roteiro seguro para uma evolução mais rápida. Incentivando a todos a buscar incessantemente uma reforma interior, o Espiritismo prima pela dignidade do ser humano ao lhe oferecer uma filosofia existencial baseada no Evangelho de Jesus, com ênfase na vivência da solidariedade através da dinâmica da caridade.

Ao afirmar que a felicidade é uma construção coletiva, conclama a todos para que utilizem o amor como norma de conduta e de interação entre os semelhantes, posto que o bem-estar de um é decorrência natural do bem estar de todos. Ao apresentar uma filosofia existencial isenta de preconceitos, mágoa, cobiça, ou congênere, acima de tudo baseada na esperança, na caridade, na justiça e, sobretudo no amor como forma de superação e de afirmação do ser, o Espiritismo contribui para que a sociedade aprimore seus métodos, suas leis, relacionamentos e atitudes.

É nesse sentido, a urgência perante o crescente número de aflições cada vez mais complexas, que conclamamos aos dirigentes espíritas para que continuadamente aprimorem e qualifiquem seus trabalhadores. Não falamos aqui de elitização e muito menos de profissionalização que venha a transformar o centro espírita em complexo campo de trabalho governado por computadores. O centro espírita jamais deve perder a singeleza e a humildade que caracterizam seus trabalhadores.

Falamos da não-improvisação, do preparo adequado pela necessidade crescente de aperfeiçoamento de seus trabalhos, da sede de conhecimento demonstrada por pessoas inteligentes que buscam o Espiritismo e que precisa ser saciada, da ansiedade daqueles que não encontraram respostas adequadas por onde passaram. Se o papel do centro espírita é servir a população que o busca, que se preste um serviço de qualidade, a fim de que, transformado o indivíduo, venha a transformar-se a sociedade.

Em sintonia com as exigências modernas e com o ideal de servir através da divulgação do Espiritismo, o Projeto Vek continua com sua luz acesa sobre o mar das inquietações humanas, esteja ele calmo ou revolto, pois para isso nasceu e por isso vive.

HEINRICH HIMMLER
(1900 – 1945)

Nascido em Munique, numa família de classe média, foi o filho de um reitor bávaro, que após a sua graduação foi designado como cadete oficial em 1918, ingressando no 11º Regimento Bávaro para serviço na Primeira Guerra Mundial, tendo terminado a guerra antes que ele entrasse em combate.

Em 1923, Himmler era um sargento que carregou a Signa Imperial Alemã na batalha do chamado *Putsch da Cervejaria* em 8 de novembro, quando o partido Nazista falhou ao tentar uma revolução e tirar o governo da Baviera do poder.

No período de 1923 a 1925 com o declínio do Partido Nazista, Himmler dedicou-se à criação de aves domésticas, sem muito sucesso, retornando ao mesmo partido em 1926, sendo sucessivamente promovido até tornar-se em 1927, vice-líder da SS.

Dentro da SS sua carreira continuou em ascensão. Em 1933, quando o Nazismo começou a ganhar poder na Alemanha, Himmler já havia conseguido 52.000 membros para a SS, com a garantia de que todos eram arianos puros. Junto a Hitler e a Hermann Göring fez planos para assassinar Ernest Röhm, líder da AS, a quem julgava um empecilho para a liderança nazista na Alemanha. Röhm e muitos outros funcionários da AS foram executados na chamada *noite dos longos punhais*, em 1934.

Em 1936 Himmler já detinha o poder de todas as agências policiais locais e da polícia secreta alemã. Passou então a concentrar esforços para organizar todos os campos de concentração, e após 1941, os campos de extermínio da Polônia. A SS, sob o seu comando tinha a função de encontrar judeus, comunistas, ciganos, homossexuais e quaisquer outras culturas ou raças condenadas pelo Nazismo.

Himmler foi o principal arquiteto do holocausto, utilizando como argumento para o extermínio de milhares de seres humanos, elementos míticos e fanatismo ideológico. Em 1944, com o envolvimento de muitos líderes da Abwehr, incluindo seu mandante, Almirante Canaris, na conspiração contra Hitler, este decretou o fim da Abwehr e entregou todo o serviço de inteligência do Terceiro Reich a Himmler.

Em 1944, Himmler tornou-se o chefe do grupo de exército Oberrhein que estava lutando com o 7º Exército dos Estados Unidos e o 1º Exército francês na região da Alsácia, no lado oeste do Reno, permanecendo neste posto até 1945. Dali partiu para comandar um grupo que combatia o Exército Vermelho no Leste e, por falta de experiência em combate, foi designado para Chefe do Exército Alemão e, ao mesmo tempo, Ministro Interior alemão, sendo, inclusive, considerado o sucessor natural de Hitler.

Em 1945, já na primavera, Himmler perdera a fé na vitória alemã, partindo para uma tentativa de negociação com o Reino Unido e Os Estados Unidos, iniciando conversações para uma rendição no leste. Ao saber das intenções de Himmler, Hitler o declarou traidor retirando-lhe todos os títulos e cargos, que não eram poucos: *Chefe principal da SS, Chefe da Polícia Alemã, Comissário chefe da nacionalidade alemã, Ministro-chefe do Interior, Comandante supremo da Volksturn* e *Comandante Supremo do Exército Interno*.

Como desertor, tentou contato com Eisenhower, propondo entregar toda a Alemanha para os aliados, desde que fosse poupado do julgamento como líder nazista. Recusada a sua oferta, tentou fugir, disfarçando-se de um membro da *Gendarmerie*, mas foi capturado em 22 de maio em Bremem, na Alemanha, por uma unidade do Exército Britânico.

Antes de ir a julgamento Himmler cometeu suicídio engolindo uma cápsula de cianeto antes da interrogação. Terminava ali a sua história para iniciar-se alhures.

Adaptada da Wikipédia, a enciclopédia livre.

VOCÊ PRECISA CONHECER, DO MESMO AUTOR:

MEDIUNIDADE - TIRE SUAS DÚVIDAS
• *14x21 cm* • *192 p.* • *Mediunidade*

DIÁRIO DE UM DOUTRINADOR
• *14x21 cm* • *216 p.* • *Experiências de dirigente de reuniões mediúnicas*

O PERISPÍRITO E SUAS MODELAÇÕES
• *15,5x21,5 cm* • *294 p.* • *Estudo sobre o perispírito*

DOUTRINAÇÃO: A ARTE DO CONVENCIMENTO
• *14x21 cm* • *170 p.* • *Estudo sobre doutrinação no espiritismo*

DOUTRINAÇÃO: DIÁLOGOS E MONÓLOGOS
• *14x21 cm* • *242 p.* • *Estudos sobre doutrinação e reuniões mediúnicas*

MEDIUNIDADE TEMAS INDISPENSÁVEIS PARA OS ESPÍRITAS
• *14x21 cm* • *240 p.* • *Mediunidade*

MEDIUNIDADE APRENDIZADO FUNDAMENTAL SOBRE DESOBSESSÃO
• *14x21 cm* • *176 p.* • *Mediunidade / desobsessão*

O AMOR ESTÁ ENTRE NÓS
• *14x21 cm* • *168 p.* • *Biografia de pessoas que contribuiram para a evolução da Humanidade*

Não encontrando os livros da EME na livraria de sua preferência, solicite o endereço de nosso distribuidor mais próximo de você através do Fone/Fax: (19) 3491-7000 / 3491-5449.
E-mail: vendas@editoraeme.com.br – Site:www.editoraeme.com.br